Educação escolar das relações étnico-raciais: história e cultura afro-brasileira e indígena no Brasil

inter
saberes

Educação escolar das relações étnico-raciais: história e cultura afro-brasileira e indígena no Brasil

José Antonio Marçal

Silvia Maria Amorim Lima

intersaberes

Rua Clara Vendramin, 58 . Mossunguê
CEP 81200-170 . Curitiba . PR . Brasil
Fone: (41) 2106-4170
www.intersaberes.com
editora@intersaberes.com

Editora-chefe ▪ Lindsay Azambuja
Gerente editorial ▪ Ariadne Nunes Wenger
Assistente editorial ▪ Daniela Viroli Pereira Pinto
Capa e projeto gráfico ▪ Sílvio Gabriel Spannenberg
Fotografias de capa ▪ Fotolia

Dados Internacionais de Catalogação na Publicação (CIP)
(Câmara Brasileira do Livro, SP, Brasil)

Marçal, José Antônio
Educação escolar das relações étnico-raciais: história e cultura afro-brasileira e indígena no Brasil/José Antônio Marçal, Silvia Maria Amorim Lima. Curitiba: InterSaberes, 2015.

Bibliografia.
ISBN 978-85-443-0208-8

1. Brasil – Relações raciais 2. Cultura afro-brasileira 3. Educação – Finalidades e objetivos 4. Povos indígenas – Brasil 5. Prática pedagógica 6. Sala de aula – Direção I. Lima, Silvia Maria Amorim. II. Título.

15-03427 CDD-371.829981

Índice para catálogo sistemático:
1. Brasil: Relações étnico-raciais: História e cultura afro-brasileira e indígena 371.829981

1ª edição, 2015.
Foi feito o depósito legal.

Sumário

Apresentação

A partir da década de 2000, as mudanças sociais e políticas no Brasil intensificaram-se. Depois do reconhecimento, nos anos de 1990, do racismo presente em nosso país e das recomendações da Organização das Nações Unidas (ONU) aos estados signatários para que estabelecessem políticas públicas de reconhecimento das diferenças culturais, os governos brasileiros iniciaram, desde então, a implantação e a implementação de políticas de ações afirmativas. Tais políticas públicas podem ser compreendidas sob dois aspectos: elas evidenciam um reconhecimento público da diferença e contribuem para o combate de desigualdades socioeconômicas entre os grupos sociais que compõem a sociedade brasileira.

No Brasil, as políticas afirmativas têm favorecido vários segmentos da população, entre os quais negros (pretos e pardos, conforme categorias usadas pelo Instituto Brasileiro de Geografia e Estatística – IBGE), indígenas, pessoas com deficiência, pessoas com baixa renda, estudantes de escolas públicas e outros. Contudo, essas políticas não são novidade no país. Desde a Constituição Cidadã de 1988, as mulheres contam com uma legislação que as protege no trabalho.

Assim, essas políticas públicas constituem um leque de possibilidades que vão desde legislações até políticas concretas, como a reserva de vagas nos setores da educação e do trabalho. Neste livro, nosso foco é especificamente a legislação instituída pela Lei n. 10.639, de 9 de janeiro de 2003 (Brasil, 2003), e pela Lei n. 11.645, de 10 de março de 2008 (Brasil, 2008a), que alteraram a Lei de Diretrizes e Bases da Educação Nacional

(LDBEN) – Lei n. 9.394, de 20 de dezembro de 1996 (Brasil, 1996) ao instituir os arts. 26-A e 79-B. Com essa alteração, tornou-se obrigatório o ensino da história e da cultura afro-brasileira e africana e indígena na educação básica em nosso país. Por ser uma legislação cercada de dúvidas e polêmicas, discutiremos também seus fundamentos históricos e sociológicos, as dificuldades enfrentadas por educadores diante da referida lei, bem como as possibilidades de desenvolvimento de práticas pedagógicas que podem contemplar o objetivo da legislação.

O princípio norteador dessas medidas afirmativas é que a realização da justiça social requer que as desigualdades entre grupos e pessoas sejam tratadas nas suas diferenciações. Esse esforço referente ao reconhecimento de direitos e da valorização de segmentos populacionais estigmatizados e discriminados verifica-se desde meados do século XX. O marco para essa nova consciência parece ter sido os horrores da Segunda Guerra Mundial (1939-1945), quando do extermínio de pessoas por motivações étnico-raciais.

Como evidência dessa preocupação, citamos a fundação da ONU e suas agências. A Organização das Nações Unidas para a Educação, Ciência e Cultura (Unesco), por exemplo, desde sua criação, trabalha para o estabelecimento da paz no mundo e, em 1950, encomendou e financiou um grande estudo sobre o racismo no Brasil, o chamado *Projeto Unesco*[1]. Na mesma linha de esforço estão as conferências mundiais contra o racismo e a

---

1 Para maiores informações sobre esse projeto, veja: MAIO, M. C. O Projeto Unesco e a agenda das ciências sociais no Brasil dos anos 40 e 50. **Revista Brasileira de Ciências Sociais**, São Paulo, v. 14, n. 41, out. 1999. Disponível em: <http://www.scielo.br/scielo.php?pid=S0102-69091999000300009&script=sci_arttext>. Acesso em: 13 abr. 2015.

discriminação racial convocadas pela ONU. A III Conferência Mundial contra o Racismo, Discriminação Racial, Xenofobia e Intolerância Correlata, na cidade de Durban, África do Sul, em 2001, constitui um marco para as mudanças que se sucederam no Brasil, em particular no setor da educação escolar. O evento impulsionou as discussões sobre a educação multicultural, bem como a implantação de políticas efetivas nesse sentido.

A abordagem metodológica adotada nesta obra é **historicista**. De acordo com essa perspectiva, tanto os fatos quanto as ideias e teorias são históricos e guardam alguma relação entre si. Portanto, nenhum evento humano é neutro na construção da realidade. Assim, procuramos evidenciar os motivos para o surgimento e desenvolvimento do contexto sociocultural e científico que proporcionaram o ambiente e as condições necessárias à mudança de perspectiva no sentido de uma educação escolar que respeite e valorize a diversidade cultural no Brasil.

Nesse sentido, realizamos uma revisão literária com base nos autores que têm estudos relevantes sobre a temática. Vale ressaltarmos, portanto, que nosso debate não se esgota nos autores citados. Como o tema é recente, existem muitas outras perspectivas e pontos de vistas. Optamos por fazer uma reflexão na perspectiva crítica e pós-crítica. Contudo, acreditamos que as principais questões que desejávamos explorar estão contempladas e ajudarão leitores(as) e educadores(as) a se situarem na discussão, bem como oferecerão a eles(as) subsídios em futuras pesquisas para aprofundamento.

O presente livro se encontra estruturado em seis capítulos. No Capítulo 1, procuramos destacar o processo de exterminação dos povos indígenas com a colonização, como estes foram tutelados e como preservam suas culturas. No Capítulo 2, nosso objetivo foi elaborar uma síntese sobre o que a teoria do branqueamento representou para a sociedade brasileira. Para isso, buscamos elucidar os componentes históricos, políticos e econômicos que sustentaram essa teoria como uma ideologia inserida em nossa sociedade, bem como a forte influência que exerceu no pensamento dos intelectuais brasileiros.

O Capítulo 3 retrata o desenvolvimento da teoria ou ideologia da democracia racial na sociedade brasileira. Identificamos sua gênese, seu referencial, bem como o início da sua desconstrução científica, como sentença verdadeira da sociedade nacional. Fazemos uma análise de como a solidificação dessa teoria foi trabalhada de forma a obstruir o autoconhecimento dos afro-brasileiros e o reconhecimento do Brasil, por parte do Estado, como um país racista. Também ressaltamos a importância do movimento social negro na luta de denúncia contra o racismo.

No Capítulo 4, propomos uma reflexão conceitual sobre políticas de ações afirmativas. Destacamos desafios, discussões e ações de sua implementação no âmbito da legislação, no serviço público e, particularmente, no setor da educação.

No Capítulo 5, abordamos as mudanças e as discussões ocorridas com a instituição da legislação educacional brasileira que visa à implementação de uma política educacional de valorização e respeito à diversidade étnico-racial. Também analisamos as bases teóricas, bem como os desafios, as tensões e as possibilidades de desenvolvimento de práticas escolares pertinentes sugeridas pelos documentos normativos.

Por fim, no Capítulo 6, procuramos fazer um exercício de aproximação com a prática. A sugestão que deixamos é que o melhor conteúdo para o desenvolvimento de uma educação para a diversidade está na realidade mesma dos alunos e de suas comunidades. Este livro sugere que é no cotidiano das pessoas envolvidas nos processos educativos que se encontra o conteúdo. Todavia, essa realidade coloca um desafio para educadores(as), já que estes precisam ser ativos pesquisadores.

Dito isso, desejamos que este texto seja um convite à ação e à mudança de atitude ante uma proposta educativa inovadora. Entretanto, o que você encontrará nas páginas seguintes não foi elaborado com a pretensão de convencer, mas de possibilitar um olhar atento às questões nele tratadas.

Boa leitura e profícua reflexão!

Organização didático-pedagógica

Esta seção tem a finalidade de apresentar os recursos de aprendizagem utilizados no decorrer da obra, de modo a evidenciar os aspectos didático-pedagógicos que nortearam o planejamento do material e como o aluno/leitor pode tirar o melhor proveito dos conteúdos para seu aprendizado.

Introdução do capítulo

Logo na abertura do capítulo, você é informado a respeito dos conteúdos que nele serão abordados, bem como dos objetivos que o autor pretende alcançar.

Síntese

Você conta, nesta seção, com um recurso que o instigará a fazer uma reflexão sobre os conteúdos estudados, de modo a contribuir para que as conclusões a que você chegou sejam reafirmadas ou redefinidas.

Atividades de autoavaliação

Com estas questões objetivas, você tem a oportunidade de verificar o grau de assimilação dos conceitos examinados, motivando-se a progredir em seus estudos e a se preparar para outras atividades avaliativas.

Atividades de aprendizagem

Aqui você dispõe de questões cujo objetivo é levá-lo a analisar criticamente determinado assunto e aproximar conhecimentos teóricos e práticos.

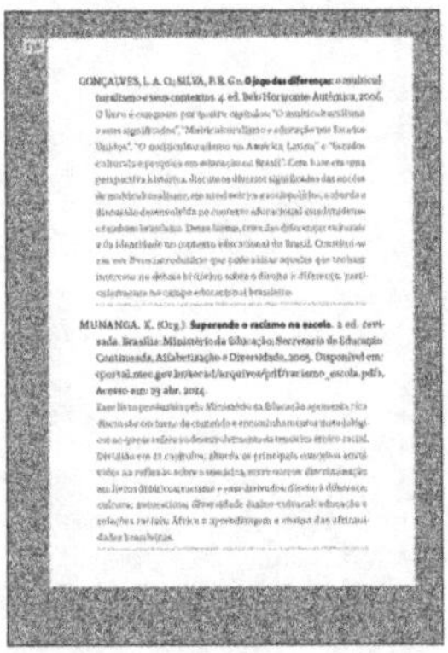

Bibliografia comentada

Nesta seção, você encontra comentários acerca de algumas obras de referência para o estudo dos temas examinados.

1

Teorias raciais de negação ao povo indígena

Para entendermos a questão racial no Brasil, torna-se necessário imergirmos na história brasileira, desde seu início, fazendo um passeio por todas as épocas, sempre atentos a aspectos sociais, culturais e econômicos e sem nos esquecermos de dar a devida importância ao pensamento intelectual sobre *raça* produzido em cada um desses períodos.

Assim, neste capítulo, abordaremos como ocorreu a construção do preconceito em relação aos primeiros habitantes do Brasil, bem como a tentativa de usurpação da sua identidade, na busca de um aculturamento dessa população vista como inferior por apresentar padrões de comportamento e cultura diferenciados daqueles trazidos pelo colonizador.

Ao fazermos um passeio pela história, pontuamos um momento importante na condição social indígena, que é o berço do sistema de tutela implementado no início do Estado republicano com o Serviço de Proteção ao Índio (SPI) e, mais tarde, com a Fundação Nacional do Índio (Funai), esta ainda vigente até hoje com sua política de atendimento reformulada de acordo com o que é desenvolvido pelo governo que está no poder.

Assim, procuramos mostrar de forma sucinta que, mesmo com os movimentos de colonização com base na exploração e até no extermínio, os povos indígenas sobreviveram e hoje lutam em busca de autonomia, respeito e garantia ao direito de serem reconhecidos como cidadãos brasileiros e verem respeitadas suas especificidades de organização social e cultural.

Na realidade, temos de reconhecer que, a despeito de toda a situação adversa encontrada por esses povos, encontramos seus representantes nas mais diversificadas esferas do mundo do trabalho e dos espaços acadêmicos. Vale ressaltarmos que entendemos como *indígenas* não somente os aldeados, mas também os mestiços urbanizados.

A construção do preconceito

Torna-se importante esclarecermos que não existe raça indígena, assim como não há raça branca, negra ou superior. O que há é uma representação social de *raça* que foi adotada estrategicamente em certos momentos históricos. Tal apropriação ideológica racial aconteceu nas relações de poder com o principal objetivo de instaurar ou fortalecer a dominação. Nesse processo, pessoas e grupos sociais tiraram proveito de determinada situação e, aproveitando-se da força política e utilizando-se de ideologias, disseminaram a existência de raças, algumas biologicamente superiores – nesse caso, referiam-se aos brancos – e outras, por consequência, inferiores.

No imaginário de alguns brasileiros, o indígena é um ser inferior e selvagem que vive na selva, anda com as partes íntimas à vista ou, como diz uma canção popular aprendida na escola e disseminada por muitos anos, especialmente no Norte do Brasil: "Ele mora na tribo, contente e feliz/ Caçando e pescando/ E comendo raiz". Dessa forma, foram difundidos o preconceito, a discriminação e a folclorização do índio. "A sociedade brasileira majoritária, permeada pela visão evolucionista da história e das culturas, continua considerando os povos indígenas como culturas em estágios inferiores, cuja única perspectiva é a integração e assimilação da cultura global" (Baniwa, 2006, p. 34).

Quando, em 1492, Colombo avistou os habitantes do Novo Mundo, ficou intrigado e não sabia como definir a cor deles. Foi assim também com outros que tentaram definir a cor dos indígenas habitantes da nova terra recém-descoberta; chegaram a ser declarados como negros, porém com diferenciações dos negros da África.

A colonização portuguesa iniciou-se com a escravidão da população indígena, utilizada no extrativismo, nas lavouras de cana-de-açúcar e nos engenhos. Esse modelo enfrentava muitos obstáculos, especialmente em virtude das fugas dos indíos, frequentemente bem-sucedidas.

No plano religioso, os jesuítas constataram que os índios, habitantes da nova terra, não seguiam nenhuma religião conhecida à época, razão por que eram considerados um povo pagão, sem fé, sem lei, sem rei e até sem alma. Dessa forma, empenharam-se em converter a população indígena. Porém, ao perceberem que tal intento não seria tarefa fácil, decidiram lançar mão do método da "guerra justa", apoiados nas ideias de Santo Agostinho e São Tomás de Aquino, segundo os quais deveria-se "guerrear quando havia resistência às missões cristãs". Assim, padre José de Anchieta e padre Manuel da Nóbrega, sob o governo de Mem de Sá, realizaram as "guerras justas" contra os habitantes do Novo Mundo, resultando desse embate a escravização dos índios vencidos (Hofbauer, 2006).

Na mentalidade dos colonizadores, as terras "descobertas" não tinham dono e a posse podia ser concedida a quem delas se apropriasse. Dessa forma, não cogitaram sequer a possibilidade de estarem em terras que tinham donos tradicionais e de que, como colonizadores, assumiam também a condição de invasores – para não falar de usurpadores –, o que esclareceria melhor a relação com os indígenas.

Os colonizadores consideravam os nativos um empecilho ao desenvolvimento de seus interesses de exploração das riquezas existentes. Assim, além de colonizados, os índios foram subjugados, explorados e estereotipados, fortalecendo-se a ideia de que eram portadores de uma cultura inferior. Iniciou-se, desse modo, todo um processo de construção de pensamentos pejorativos a respeito dos índios, que eram vistos como incapazes, selvagens, preguiçosos ou protetores da floresta, como nas lendas românticas (Baniwa, 2006).

A "descoberta" do Brasil e a sobrevivência indígena

O professor João Pacheco de Oliveira, em videoconferência produzida com base no acervo do curso de Formação Política de Lideranças Indígenas (Oliveira, 2014), destaca que devemos sempre questionar a ideia do "acaso" da descoberta "acidental" do Brasil, pois esta encerra em si todo o preconceito sofrido pela nação indígena. O autor explica que, na realidade, o mundo europeu estava buscando expandir-se e adquirir outras áreas que correspondessem aos seus interesses comerciais.

Portugal, país pequeno – e, portanto, limitado na quantidade de terras férteis –, via-se cercado por terras da Espanha, que, por ter forte poderio bélico, não dava condições ao país vizinho para uma investida em luta por expansão territorial. Assim, tiveram início as navegações em busca de conquistas de novos territórios.

Nesse período, a Europa vivenciava uma explosão de interesse por artesanato. Assim, o valor encontrado no pau-brasil não era a madeira em si, mas se encontrava na tinta que dele era produzida e que servia para tintura de tecidos e demais artefatos artesanais. Portanto, o verdadeiro interesse de Portugal era encontrar matéria-prima para a produção artesanal e, por isso, saiu em busca de novas terras (Oliveira, 2014).

Inicialmente, o interesse dos portugueses colonizadores estava centralizado nos produtos que conseguiam obter por meio do sistema de trocas com as lideranças indígenas. Já em 1549, ocorreu o que Oliveira (2014) classifica como o momento da "tragédia", quando se instauraram os governos gerais. O primeiro governador-geral, Tomé de Souza, implantou na capitania da Bahia, transformada em capitania real, a sede do governo do Brasil e trouxe como missão estratégica dominar todo o litoral, tornando assim absoluta a soberania portuguesa no território. Para tanto, deveria afastar a investida que ocorria na nova terra, onde o contingente francês estava se tornando muito presente. Isso posto, tornou-se importante submeter à dominação as nações indígenas e iniciar um extermínio, principalmente contra os índios aliados dos franceses. Assim tiveram início as guerras entre os índios aliados dos portugueses e aqueles que estavam do lado dos franceses.

Juntamente com Tomé de Souza, que ocupou seu cargo de 1549 a 1553, vieram de Portugal cerca de mil pessoas, entre as quais seis jesuítas que tinham a missão de inserir os indígenas nos aldeamentos missionários, iniciativa que caracterizou também uma forma de dominação e aculturamento.

No segundo governo-geral (1553-1558), Duarte da Costa teve de enfrentar conflitos entre colonos e jesuítas causados pela tentativa de utilização de indígenas como mão de obra escrava, bem como conviver com a invasão do território brasileiro pelos franceses, iniciada ainda no governo de Tomé de Souza.

No terceiro governo-geral (1558-1572), com Mem de Sá, houve o momento mais sangrento, com verdadeiras chacinas e genocídio da população indígena ao longo de todo o litoral. Os índios começaram a ser capturados para trabalhar como escravos. Eles mesmos foram utilizados como força de opressão dos seus pares, realizada mediante uma "aliança destrutiva" entre índios e portugueses.

O interesse da igreja oficial de Portugal pelos indígenas não se resumia a instâncias meramente espirituais. A ideia de obtenção de mão de obra para as guerras, bem como para trabalho (escravizado) nas cidades e engenhos, tornou-se cada vez mais o centro das demandas que muitas vezes sobrepujavam o interesse de cristianização desse povo (Oliveira, 2014).

Foi desse modo que teve início o declínio populacional dos povos indígenas, submetidos ao domínio do colonizador. Quando os portugueses aportaram, estima-se que cerca de 5 milhões de nativos habitavam todo o Brasil. Se compararmos com estimativas atuais de um contingente populacional de 700 mil pessoas, fica óbvio deduzir que demasiadas mazelas e infortúnios comboiaram esse grupo étnico tão importante para a formação do povo brasileiro (Baniwa, 2006).

Contudo, a despeito dessas vicissitudes sofridas por uma população que tem em sua história momentos de guerras, escravidão e doenças – ocasionadas pela convivência com os colonizadores –, o etnocídio e o genocídio sofridos, os quais poderiam ter provocado sua extinção, na realidade não ocorreram de forma plena. Ainda hoje o povo indígena vive e luta para que sua cultura seja preservada e seus direitos sejam respeitados.

> Os índios estão mais do que nunca vivos: para lembrar e viver a memória histórica e, mais do que isso, para resgatar e dar continuidade aos seus projetos coletivos de vida, orientados pelos conhecimentos e pelos valores herdados dos seus ancestrais, expressos e vividos por meio de rituais e crenças. São projetos de vida de 222 povos indígenas que resistiram a toda essa história de opressão e repressão. (Baniwa, 2006, p. 18)

Por essa razão, é de suma importância para os povos indígenas a questão do território e sua demarcação, pois é dentro desse espaço que se dá a possibilidade de vivenciarem e transmitirem os valores culturais herdados, bem como de desenvolverem suas lideranças. Essa é uma preocupação que não se limita às fronteiras da aldeia — ela vai além, para fora de limites meramente geográficos. Além disso, é fundamental, para os povos indígenas, participar de forma legítima das formulações políticas. Para isso, essa parcela do povo brasileiro tem se manifestado fortemente, reivindicando voz e respeito nos assuntos de interesse coletivo, principalmente no que tange à constituição de políticas públicas que visem à preservação e ao desenvolvimento das suas culturas e que garantam, efetivamente, seus direitos.

Questão indígena: da tutela para a luta por autonomia e participação

A visão estereotipada de que o índio é incapaz de conviver com a sociedade autodenominada *civilizada* fez com que se instaurasse um sistema paternalista de tutela segundo o qual, ao ser visto como um ser sem capacidades, o índio teria de ser protegido, abrigado. Assim foram implantadas políticas indigenistas, como o Serviço de Proteção ao Índio (SPI) e a Fundação Nacional do Índio (Funai).

Criado em 1910, o SPI – que originalmente recebeu o nome de *Serviço de Proteção aos Índios e Localização de Trabalhadores Nacionais* (SPILTN) – foi organizado pelo Marechal Cândico Rondon durante o governo do Presidente Nilo Peçanha e fazia parte do Ministério da Agricultura, Indústria e Comércio (Maic). A intenção era obter um território nacional integrado, só que, para tanto, era necessário realizar uma expansão de fronteiras. Para a execução dessa tarefa, foi preciso mapear o território nacional, a fim de se conhecer o real contingente populacional que havia nas regiões afastadas e a localização dos trabalhadores nacionais – grupo que era formado por uma população negra, de mestiços pobres que se instalaram no interior do país e de índios que, numa tentativa de camuflar a existência indígena, nessa época, eram chamados de *sertanejos* (Lima, 2014).

O SPILTN, a partir de 1918, passou a ser somente SPI, tratando principalmente dos temas indígenas. A grande questão do momento histórico para a criação do órgão se deu durante o movimento de penetração no território nacional, quando os não indígenas, com o objetivo de ocupar as terras, depararam-se com a população indígena, donos tradicionais que perversamente foram destituídos de suas terras. Esse encontro causou conflitos entre indígenas e imigrantes, pois nessa época uma política de imigração havia sido implementada numa tentativa governamental de atrair uma mão de obra[1] considerada mais qualificada. Os imigrantes eram atraídos com a possibilidade de possuírem terras, sem considerar que estas já possuíam dono. Os confrontos, no entanto, não se deram no campo das ideias – infelizmente, foram sangrentos e resultaram em grandes massacres de aldeias indígenas (Lima, 2014).

A política indigenista se desenvolveu lançando mão de diferentes mecanismos de poder, entre os quais o da tutela (Ferreira, 2007). Podemos encontrar nesse regime tutelar específico uma regulação pautada no domínio e em formas coercitivas, em que a instituição nomeada tutora tinha aparatos legais para controlar todo o contingente da sociedade indígena.

A criação do SPI com a função de liberar terras; para tanto, os índios eram persuadidos a procurar a proteção dos postos indígenas criados pelo órgão, pois dessa forma poderiam ter contato com o idioma português, bem como homens e

---

1 Havia ainda outros motivos presentes nessa política de atração dos imigrantes para o país, que envolviam questões raciais que serão abordadas nos capítulos posteriores.

mulheres indígenas aprenderiam certos ofícios comuns aos "civilizados"[2] – considerava-se que ser índio era um estágio transitório. Assim, eram protegidos, porém ao mesmo tempo suas características culturais eram aniquiladas, ocorrendo dessa forma um grande etnocídio (Lima, 2014).

A proposta de criação de novo órgão que respondesse melhor às necessidades indígenas ocorreu no final dos anos de 1960, quando começou a se observar a decadência do SPI, devido a escândalos internacionais, com a divulgação de procedimentos violentos adotados pelo órgão nos aldeamentos indígenas.

Dessa forma, com base em estudos realizados por Darcy Ribeiro – antropólogo brasileiro com grande envolvimento na área educacional e que passou a integrar o SPI como funcionário a partir de 1947 –, iniciou-se um processo para o desenvolvimento de uma fundação a ser dirigida por um conselho deliberativo, que formularia a política e o controle da fundação em todos os momentos de sua implementação. Assim, em 1967, foi criada a Fundação Nacional do Índio (Funai). Na prática, essa instituição funcionou sob essa perspectiva democrática somente durante dois anos, pois, em 1969, na vigência do regime militar, tornou-se um órgão com aparato militar, reforçou procedimentos nocivos e caracterizou-se pelo clientelismo e pelo paternalismo.

Na realidade, o modelo de funcionamento tutelar traz na sua essência uma grande questão até hoje não resolvida: o problema da demarcação das terras indígenas. Esse é o sistema nervoso central da promoção da autonomia indígena, pois faz ligação direta com os demais aspectos políticos, econômicos e culturais dos povos indígenas.

---

2 Com a instauração do governo republicano, ocorreu a separação entre Estado e religião. Assim, na formulação do SPI houve um embate para que esse órgão não tivesse a presença religiosa. Porém, na prática, o procedimento adotado pela instituição não se diferenciava da concepção dos aldeamentos jesuítas.

> O regime tutelar e a política indigenista em geral tiveram como uma das características principais o desencadeamento de processos de territorialização. A construção de "povoações indígenas", "centros agrícolas", "parques" e "reservas" é a expressão desses processos de territorialização dirigidos pelo Estado. (Ferreira, 2007, p. 73)

Há fatores de complexidade na questão territorial indígena, como a ocupação irregular de terras demarcadas que foram invadidas por não indígenas (Baniwa, 2006). Hoje, no território brasileiro, a maioria das terras indígenas encontra-se demarcada em extensão, porém ainda há um grande déficit na sua regularização. Famílias indígenas continuam vivendo sem acesso à terra ou em condições de territorialidade precárias, fato que coloca em risco a sobrevivência dessas comunidades e compromete suas expressões culturais.

A busca por *status* político de cidadão brasileiro tem sido a bandeira dos povos indígenas nos últimos 20 anos. Na prática, simboliza a possibilidade de os índios obterem as garantias de cidadania na medida em que perpetuam as práticas próprias de pensar e de viver de seus respectivos povos.

No entanto, somente com a superação do princípio tutelar é possível se pensar na construção de uma cidadania indígena de fato. Nesse contexto, abre-se a possibilidade de que sejam pensadas políticas públicas voltadas para atender às necessidades singulares, diferenciadas desse povo. Assim, deve ser assegurado o direito a uma "cidadania diferenciada", o que possibilitará, para além da garantia dos direitos universais de cidadão brasileiro, aqueles específicos "à cultura, às tradições, aos valores, aos conhecimentos e aos ritos" (Baniwa, 2006, p. 89).

Para que a cidadania indígena seja reconhecida não somente de direito, mas de fato, é necessária a implementação de políticas que garantam direitos específicos, como o acesso à educação, à saúde, à tecnologia e às terras. Na atualidade, o movimento indígena no Brasil defende uma autonomia com base na emancipação política, econômica e social em busca da superação da precariedade e da exploração a que foram submetidos os povos indígenas durante todos os séculos passados desde o período colonial.

Essa autonomia implica o direito à livre autodeterminação, estabelecido no Pacto Internacional dos Direitos Civis e Políticos[3]. No caso dos indígenas, envolve a concretude dos direitos como o respeito ao seu território, à sua cultura, às suas línguas, às suas lideranças e o envolvimento destas na política do Estado (Baniwa, 2006). A autonomia nesse sentido simboliza, pois, ser cidadão brasileiro, envolvido em todo o sistema político, econômico e social do país, além de obter as condições próprias necessárias para a conservação da sua história e das suas mais diversificadas culturas.

Sobre a formação do povo brasileiro

Na metade do século XVI, com a constatação de que o povo indígena não se adaptava ao esforço exigido na grande lavoura, a solução foi trazer mão de obra escrava da África. Dessa forma,

---

3 Decreto n. 592, de 6 de julho de 1992. Disponível em: <www.planalto.gov.br/ccivil_03/decreto/1990-1994/D0592.htm>.

teve início o longo período de escravidão negra em solo brasileiro, que acompanhou os ciclos da cana-de-açúcar, da mineração e pecuária no século XVIII e do café no século XIX.

Havia por parte de Portugal um anseio de que a colônia brasileira fosse povoada. Por essa razão, em 1755, o Marquês de Pombal, então ministro da Guerra e mais tarde primeiro-ministro, incentivou intensamente as uniões matrimoniais inter-raciais. Todavia, a Coroa portuguesa e a Igreja Católica, que condenava a miscigenação, se opunham à união entre brancos e pretos ou mulatos e, portanto, não a reconheciam. Porém, tal objeção era ignorada. Por escassez de mulheres brancas, os colonizadores portugueses relacionaram-se e casaram-se com mulheres índias ou africanas, e assim difundiu-se sobremaneira a descendência parda (Telles, 2003).

As relações desiguais entre os colonizadores brancos e as mulheres brasileiras não brancas provocavam situações de violência – mulheres eram abusadas e violentadas –, o que explica que, durante o período escravocrata, os brasileiros mestiços foram na sua maioria gerados em atos de violência sexual. Dessa forma, a tradição da mistura racial no Brasil deu-se tanto por atos violentos como por uniões informais e formais (Telles, 2003).

A mistura de cor é um fator marcante na formação populacional do povo brasileiro, o que ocasionou uma diversidade cultural rica e variada que pode ser identificada de Norte a Sul do gigantesco território brasileiro.

Síntese

No início da colonização do que viria a ser o território brasileiro, os portugueses utilizaram-se da mão de obra indígena. Durante todo o processo de colonização das terras recém-descobertas, os colonizadores não hesitaram em utilizar mecanismos de dominação que resultaram numa diminuição substancial da população dos donos tradicionais dessas terras. Ainda assim, apesar de todos os infortúnios e mazelas, a população indígena sobreviveu a momentos de guerras, escravidão e doenças.

O sistema de tutela implantado por meio de políticas indigenistas concretizou a ideia de que os índios não teriam capacidade de organização ou de manutenção de sua sobrevivência. Assim, foi criado em 1910 o Serviço de Proteção ao Índio (SPI), que, anos depois, foi transformado em Fundação Nacional do Índio (Funai).

Apesar de todas essas situações adversas e principalmente da quase extinção, o povo indígena não somente sobreviveu, mas hoje se organiza e luta para que seus direitos sejam garantidos e que sua cultura seja respeitada.

Atividades de autoavaliação

1. O estudo deste capítulo nos mostrou que o "descobrimento" do Brasil se deu de forma:
   a) acidental.
   b) pensada.
   c) econômica.
   d) histórica.

2. São sistemas de tutela indígena, **exceto**:
   a) Aldeamento jesuíta.
   b) Serviço de Proteção ao Índio (SPI).

c) Fundação Nacional do Índio (Funai).
d) Sistema de escravidão indígena.

3. A Funai teve, a partir de 1969 até o final dos anos de 1980, uma política marcadamente:
   a) democrática.
   b) militar.
   c) aristocrática.
   d) autocrática.

4. Segundo Baniwa (2006), a autonomia e a autodeterminação dos povos indígenas estão relacionadas às seguintes afirmativas, **exceto**:
   a) Autonomia simboliza ser cidadão brasileiro, envolvido em todo o sistema político, econômico e social do país.
   b) Envolvem a concretude de seus direitos, como o respeito ao seu território, às suas culturas, às suas línguas.
   c) Autonomia fundamenta-se em emancipação política, econômica e social em busca da superação da precariedade.
   d) Não têm relação com o que está estabelecido no Pacto Internacional dos Direitos Civis e Políticos.

5. Sobre o regime tutelar, podemos dizer que:
   a) Serviu para a superação de pensamentos preconceituosos sobre o indígena.
   b) A instituição nomeada tutora dispunha de aparatos legais para controlar todo o contingente da sociedade indígena.
   c) O órgão responsável pelo sistema de tutela delimitou e concedeu regularização ao território indígena.
   d) O principal objetivo de sua criação era dar voz ao indígena.

Atividades de aprendizagem

Questões para reflexão

a) Que conhecimento e entendimento você tem sobre a questão indígena, levando em consideração todo o conteúdo apresentado neste capítulo?
b) Qual é o seu posicionamento diante das questões sobre o território indígena?

Atividade aplicada

Pesquise sobre a questão indígena e faça um fichamento, pontuando os principais aspectos abordados nos dias atuais.

SUGESTÕES DE LEITURA PARA APROFUNDAR O TEMA

COLLET, C; PALADINO, M.; RUSSO, K. (Org.). **Quebrando preconceitos**: subsídios para o ensino das culturas e histórias dos povos indígenas. Rio de Janeiro: Contra Capa Livraria; Laced – Laboratório de Pesquisas em Etnicidade, Cultura e Desenvolvimento, 2014.

O livro aborda questões sobre a desmistificação de pensamentos a respeito de quem é o índio brasileiro.

LIMA, A. C. de S.; BARROSO, M. M. (Org.). **Povos indígenas e universidade no Brasil**: contextos e perspectivas, 2004-2008. 1. ed. Rio de Janeiro: E-papers, 2013.

O livro contextualiza o cenário da educação superior indígena de 2004 a 2008, esclarecendo pontos principais dessa política, bem como a papel da Funai nesse cenário.

LIMA, A. C. de S.; HOFFMAN, M. B. (Org.). **Além da tutela**: bases para uma nova política indigenista III. Rio de Janeiro: Laced – Laboratório de Pesquisas em Etnicidade, Cultura e Desenvolvimento; Contra Capa Livraria, 2002.

O livro trata de questões pertinentes aos povos indígenas no direito brasileiro e visam à constituição de um panorama do que está em jogo na produção de normas legais favoráveis à diferença sociocultural.

2

Branqueamento no Brasil

Este capítulo tem o objetivo de oferecer uma síntese do que representou para a sociedade brasileira a teoria do branqueamento. Procuramos elucidar os componentes históricos, políticos e econômicos que a sustentaram como uma ideologia inserida na sociedade.

A teoria racista vigente na Europa foi elemento propulsor dessa ideia, devido à sua forte influência no pensamento intelectual brasileiro. Assim, a ênfase em uma racionalidade voltada para questões raciais pelas razões biológicas trouxe em seu bojo a teorização de superioridade e inferioridade que se tornou nefasta para a identidade nacional.

O conhecimento do que ocorreu e a verdadeira motivação da construção dessa teoria podem nos auxiliar a entender a gênese da desigualdade racial e preparar gerações para superar essa situação herdada de outras épocas e que urge ser vencida.

Tentamos aqui elucidar de forma simples o que de fato essa linha de pensamento procurou esconder e os danos causados à população brasileira, que tem em sua constituição um grande contingente de negros (pretos e pardos, conforme categoria do Instituto Brasileiro de Geografia e Estatística – IBGE).

A supremacia branca

No século XIX, a ciência começou a ser utilizada para dar valor racional à dominação racial. Estudos foram realizados, de forma tendenciosa, a fim de comprovar a superioridade da raça branca sobre as não brancas. No Brasil, o campo denominado *eugenia* tomou força no início do século XX. Abordando métodos científicos sobre raça, o eugenismo[1] desencadeou um processo de desenvolvimento da teoria que "considerava os negros inferiores e os mulatos degenerados" (Telles, 2003, p. 43).

A eugenia propunha o pensamento de que o fator genético causava empobrecimento da funcionalidade biológica e mental dos seres humanos. Um dos teóricos mais importantes da época, Conde Arthur Gobineau (1816-1882), declarava que, quanto mais o sangue de uma raça era diluído por integrar-se a outra raça, mais enfraquecido ficava e a sua propensão era a decadência. Para esse pensador, a raça negra era inferior à raça branca.

Gobineau conheceu o Brasil, onde permaneceu por um ano como representante da França, e sua percepção era de que a miscigenação produzia uma população degenerada e feia, que fatalmente levaria o novo país ao estágio de subdesenvolvimento e degeneração.

No Brasil, no ano de 1880, na Escola de Medicina da Bahia, o professor Raimundo Nina Rodrigues[2] realizou um estudo sobre a influência de Cesare Lombroso, pesquisador que se tornou famoso por medir o crânio para identificar a capacidade e o grau de inteligência dos humanos. O pesquisador bahiano concluiu, por esses meios, que os africanos eram seres inferiores. A pesquisa encontrava uma grande incógnita, pois defendia que a lei deveria ser separada por raças para que pudesse ser seguida, porém o estudo continha incertezas em relação aos mulatos, pois naquela época muitos deles ocupavam posição de

---

1 Telles (2003) enfatiza que os eugenistas do século XIX consideravam que a população brasileira, com sua mistura de raças, representava a degeneração biológica.

2 Segundo Telles (2003), Nina Rodrigues foi o primeiro brasileiro a fazer um estudo etnográfico sobre a população africana e sua origem, advogando que as leis criminais deveriam ser separadas por raça, pois acreditava que os negros não tinham condições de escolher praticar ou não o crime por terem capacidades intelectuais reduzidas.

destaque na sociedade. A questão do mulato foi ponto de muito questionamento entre os eugenistas.

Telles (2003, p. 44) aponta um aspecto relevante do impasse quando o assunto da inferioridade racial era direcionado ao mulato ou mestiço: "A incerteza na classificação dos mulatos para Rodrigues pode ter sido um reflexo de sua identidade de mestiço ou de alguns dos seus colegas [...]". Os mulatos gozavam de certa distinção, o que lhes dava muitas vezes *status* de branco. Assim ocorreu com Machado de Assis, grande escritor nacional, mulato, que transitava livremente entre as elites brasileiras, recebendo tratamento como se branco fosse em razão de sua posição de destaque.

Os eugenistas brasileiros, diferentemente dos norte-americanos – estes adotaram a eugenia mendeliana, que preconizava a herança genética e suas implicações raciais de raça "pura" –, conduziram os estudos dentro da concepção neolamarckiana, da escola francesa, que exercia grande influência sobre os intelectuais brasileiros. Essa teoria defendia que as deficiências genéticas poderiam ser superadas em uma única geração. Dentro dessa compreensão, surgiu a ideia de que a grande saída para o Brasil seria o branqueamento das raças, visto ser essa raça a "superior" (Telles, 2003, p. 45).

Teoria do branqueamento

No cenário europeu, predominava o pensamento de "superioridade" da raça branca sobre as demais. De forma racional, os cientistas e, fundamentando-se neles, os intelectuais em geral declaravam essa sentença como verdadeira. Assim, não foi surpresa que tal afirmativa encontrasse ressonância na comunidade científica brasileira da época, visto que esta não deixou de apresentar soluções para as questões raciais da sociedade nacional (Munanga, 2008).

Acadêmicos brasileiros, convencidos de que os genes da raça branca eram dominantes, propuseram a mistura entre brancos e não brancos para que a população brasileira paulatinamente se tornasse uma raça predominantemente branca. Acreditava-se que o desejado branqueamento seria uma questão de tempo, pois, com o casamento de pessoas de pele clara com as de pele negra, as futuras gerações poderiam enfim superar a "inferioridade", condição representada pelas pessoas de pele negra. Preconizava-se, então, que, em futuras gerações, predominaria a cor branca "superior".

A partir da década de 1870, tendências científicas europeias adentraram com intensidade no Brasil. Assim, com base no que se tinha de mais moderno à época – as ideias positivistas, liberais, evolucionistas e raciais que apregoavam a superioridade da raça branca –, a elite política e intelectual brasileira identificou na teoria do branqueamento a solução para todos os entraves sociais, políticos e econômicos. A linha de pensamento que serviu como sustentáculo foi a positivista, que defendia a obrigação das raças que estivessem em um estágio evolutivo "superior" de "zelarem" por aquelas em estágio evolutivo "inferior", pois demandavam cuidado para que pudessem tornar-se civilizadas.

Algumas concepções poderiam ser consideradas ameaças à ideologia do branqueamento, como a dos legalistas e igualitários e a das concepções raciais essencialistas que levantavam dúvidas sobre a referida teoria. No entanto, os defensores do branqueamento modernizaram sua ideologia utilizando concepções de Augusto Comte (lei dos três estágios), que serviram de embasamento para que Miguel Lemos, tido como o mais importante positivista brasileiro, considerasse que a escravidão antiga era um estágio no desenvolvimento da humanidade, que apresentaria então uma evolução (Hofbauer, 2006).

Outra teoria foi desenvolvida pelo médico Luís Pereira Barreto, membro do Centro Positivista Brasileiro. Ao estabelecer paralelos entre "raça branca" e "evolução e progresso", Barreto concluiu que a escravidão negra trazia uma conotação muito negativa. Para combater o que identificou como "atraso do país", propôs a abolição e a substituição da mão de obra escrava pela de imigrantes (Hofbauer, 2006). Dessa forma, a política de imigração no Brasil, que teve como precedente ideológico o eugenismo, proporcionou a entrada no país de grupos vindos de Portugal, Itália, Espanha e Alemanha.

Nas primeiras décadas do século XX, foi alimentado, pela elite branca, o desejo de a sociedade brasileira tornar-se desenvolvida, dentro do ideário de que o desenvolvimento só seria possível com a superioridade numérica do povo branco. Esse ideal encontrou concretude em forma de política estatal. No final do século XIX, debateram-se no Congresso brasileiro formas de incentivar a imigração para que o ideário do branqueamento fosse plenamente alcançado. Assim, dinheiro, tempo e forças ideológicas foram despendidos para que os imigrantes viessem para o país.

Com o grande incentivo da imigração europeia, os eugenistas brasileiros estavam convictos de que o país alcançaria o objetivo de branqueamento do seu povo. Em 1912, João Batista Lacerda ousou fazer a previsão de que, no ano de 2012, a composição da população brasileira seria de 80% de brancos, 3% de mestiços e 17% de índios, e que a população negra estaria completamente "exterminada" (Telles, 2003, p. 46).

Os eugenistas previam que o branqueamento ocorreria tanto por meio da "seleção natural" quanto do processo imigratório, mas o certo é que somente em 1940, 50 anos após a implantação do processo de branqueamento, essa dinâmica pôde ser mensurada, pois o quesito "cor" não foi contemplado nos censos de 1900 e 1920, sendo que em 1910 e 1930 não houve recenseamento. O critério de cor não havia sido avaliado em 1920, sendo analisado na publicação do resultado do levantamento populacional brasileiro. Esse fato se confirma por um texto elaborado por Oliveira Vianna, em 1922, no qual constavam observações acerca de uma redução do coeficiente de "sangue inferior", mesmo sem dados concretos que dessem consistência às afirmações. A ausência de questões sobre raça nos censos citados pode ter duas razões: interesse da elite brasileira em camuflar a composição racial brasileira e a falta de recursos disponibilizados para o recenseamento (Telles, 2003).

O incentivo ao ideário do branqueamento trazia em seu bojo um suporte ideológico para que o poderio patrimonial-escravista permanecesse. Desse modo, a manutenção das relações patrimoniais agiu como empecilho ao desenvolvimento da autonomia e à implementação de direitos civis como liberdade e igualdade perante a justiça, trazendo no seu desenvolvimento uma ofuscação da discussão de cor e/ou raça. Com essa manobra, foi encoberta toda a constituição discriminatória construída ideologicamente, sem dar possibilidades para que os atores principais atingidos por essa situação pudessem se unir com vistas à superação da discriminação. Sem ter noção da realidade subjetiva na qual estava imersa, a coletividade negra e mestiça compreendia que deveria apresentar-se naturalmente como "o mais 'branco' possível" (Hofbauer, 2006, p. 213).

É importante observar que, até esse momento, o termo *racismo* não tinha aparecido no contexto brasileiro. Assim, de forma oficial e durante muito tempo, o Brasil conseguiu "posar" como país livre de racismo, com uma vivência harmoniosa na sua multifacetada diversidade de cores.

Aspectos críticos da teoria do branqueamento: o que de fato ela esconde

Alguns podem erroneamente pensar que o tema do branqueamento foi gerado pelos negros, deduzindo que, por estarem insatisfeitos, eles defendiam que, ao se misturarem com o branco, sairiam da condição desfavorável de exclusão. Entretanto, uma análise mais profunda permite constatar que o branqueamento foi inventado, incentivado e implementado pela elite branca brasileira.

Desse modo, essa mesma elite se colocava como padrão de perfeição a ser seguido, o que fortaleceu, por um lado, o autoconceito do grupo branco e, por outro, a negação dos demais grupos. Como analisa Maria Aparecida Silva Bento (2002), essa apropriação simbólica de superioridade acabou sendo legitimada na supremacia econômica, política e social dos brancos, vivenciada ao decorrer de décadas. A autora ainda ressalta que outro aspecto dessa apropriação foi a construção de uma imagem estereotipada e estigmatizada do negro, dando-lhe sempre características negativas. Assim, ele passou a culpar-se pela discriminação e a justificar as desigualdades raciais.

O prejuízo cultural e social dessa ideologia do branqueamento, que, por décadas, foi incentivada no Brasil, foi grande e encontra, ainda hoje, eco dentro da sociedade brasileira:

> Apesar de o processo de branqueamento físico da sociedade ter fracassado, seu ideal inculcado através de mecanismos psicológicos ficou intacto no inconsciente coletivo brasileiro, rodando sempre nas cabeças dos negros e mestiços. Esse ideal prejudica qualquer busca de identidade baseada na "negritude e na mestiçagem", já que todos sonham ingressar um dia na identidade branca, por julgarem superior. (Munanga, 2008, p. 15-16)

Outros dois aspectos interessantes analisados por Bento (2002) são o silêncio e o medo na construção de dominação simbólica do branco. Silêncio porque há uma falta de pensamento reflexivo acerca do papel do branco na construção das desigualdades raciais, evidenciando-se somente o negro em si, como se ele fosse, por si só, responsável por seu fracasso.

Não estudar, ou não se debruçar sobre o papel do branco na construção das desigualdades raciais, é não querer enxergar as vantagens, simbólicas e sociais, adquiridas pela população branca dentro de todo esse processo. Dessa forma, não se questionam a forma ou os meios pelos quais a elite brasileira branca se beneficiou com a exploração, o abandono e a estigmatização da população negra. Bento (2002) coloca ainda que a cegueira e o silêncio sobre esse tema tornam possível "não prestar contas, não compensar, não indenizar os negros" (Bento, 2002, p. 27).

O medo, por sua vez, pode ter significado a gênese do ideal do branqueamento, segundo Bento (2002). Essa teoria pode ter sido a resposta a questões não resolvidas e que a elite brasileira não tinha como equacionar, qual seja, que o Brasil era um país composto por uma maioria esmagadora de pessoas não brancas.

Sem dúvida, é de se imaginar o pavor da elite branca ante a superioridade numérica de não brancos. Como solucionar? Que mecanismos de dominação utilizar? A resposta encontrada foi a exclusão total dessa imensa população dos processos de industrialização que emergiam. Para suprir a necessidade de mão de obra, investiu-se na política de imigração, primeiramente europeia e, mais tarde, estendida aos demais países do mundo.

Para Bento (2002, p. 39), "uma boa maneira de compreender a branquitude e o processo de branqueamento é entender a projeção do branco sobre o negro, nascida do medo, cercada de silêncio, fiel guardião dos privilégios". O grande dano da teoria do branqueamento para a população negra foi a negação de sua identidade, dificultando a inserção dessa parcela da sociedade como força política, que traz na mobilização dos pares a energia motriz necessária para alcançar os objetivos comuns: a luta pelos seus direitos, a busca pelo reconhecimento, a admissão pública de sua importância e relevância na sociedade, bem como a implementação de políticas que corrijam as desigualdades raciais.

Síntese

O desenvolvimento da teoria do branqueamento teve seu alicerce nas ideias eugenistas do século XIX, as quais corroboravam com o pensamento de que os fatores genéticos causavam empobrecimento da funcionalidade biológica e mental dos seres humanos.

No cenário europeu, predominava o pensamento de "superioridade" da raça branca sobre as demais. De forma racional, os cientistas e, fundamentando-se neles, os intelectuais em geral declaravam essa sentença como verdadeira.

A partir da década de 1870, tendências científicas europeias adentraram com intensidade no Brasil. Assim, com base no que se tinha de mais moderno à época – as ideias positivistas, liberais, evolucionistas e raciais que apregoavam a superioridade da raça branca –, a elite política e intelectual brasileira identificou na teoria do branqueamento a solução para todos os entraves sociais, políticos e econômicos.

O incentivo ao ideário do branqueamento trazia em seu bojo um suporte ideológico para que permanecesse o poderio patrimonial-escravista. Desse modo, a manutenção das relações patrimoniais agiu como empecilho ao desenvolvimento da autonomia e à implementação de direitos civis como liberdade e igualdade perante a justiça, trazendo no seu desenvolvimento uma ofuscação da discussão de cor e/ou raça.

O grande dano da teoria do branqueamento para a população negra foi a obstrução de sua identidade, dificultando a inserção dessa parcela da sociedade como força política.

Atividades de autoavaliação

1. Marque a alternativa que identifica consequências trazidas à população negra por conta da propagação da teoria de branqueamento:
   a) O reconhecimento da importância da população negra para a construção da identidade nacional.
   b) A implementação de políticas de combate às desigualdades entre brancos e negros.
   c) A oportunidade dessa população de lutar de forma massivamente organizada por seus direitos.
   d) O apagamento de sua alegria e o impedimento da propagação de sua cultura.

2. Foi pensamento defendido por intelectuais brasileiros e europeus à época da teoria do branqueamento, **exceto**:
   a) Todos são iguais racialmente.
   b) A raça branca é superior às demais.
   c) O genética tem influência sobre a cor da pele.
   d) Branqueamento populacional é possível.

3. De acordo com a autora Maria Aparecida Bento (2002), dois aspectos foram cruciais para o desenvolvimento da teoria do branqueamento:
   a) A depressão e o medo.
   b) A exclusão e o silêncio.
   c) O silêncio e o medo.
   d) A depressão e a exclusão.

4. Foi professor brasileiro da Escola de Medicina da Bahia que adotava os métodos de Cesare Lombroso (pesquisador que se

tornou famoso por medir o crânio para identificar a capacidade e o grau de inteligência dos seres humanos):

a) Luís Pereira Barreto.
b) Miguel Lemos.
c) João Batista Lacerda.
d) Raimundo Nina Rodrigues.

5. Podemos dizer da questão do branqueamento na sociedade brasileira, **exceto**:

a) O incentivo ao ideário do branqueamento trazia em seu bojo um suporte ideológico para a manutenção do poderio patrimonial-escravista.
b) Serviu como início da superação das desigualdades raciais.
c) A apropriação simbólica de "superioridade branca" acabou sendo legitimada na supremacia econômica, política e social dos brancos.
d) Com o grande incentivo da imigração europeia, os eugenistas brasileiros estavam convictos de que o país alcançaria o objetivo de branqueamento do seu povo.

Atividades de aprendizagem

Questões para reflexão

1. Descreva como o conhecimento da teoria do branqueamento contribuiu para sua compreensão sobre a questão racial brasileira.

2. Você já havia tido contato com a teoria do branqueamento antes da leitura deste capítulo? Se não conhecia, a que você atribui o fato de passar todo o ensino básico sem saber a respeito dessa realidade do processo de imigração?

Atividade aplicada

Desenvolva duas questões sobre o que leu neste capítulo, entreviste (com base nessas perguntas) cinco pessoas de sua convivência e verifique o conhecimento que elas têm sobre o tema. Em seguida, elabore um relatório interpretando os resultados da entrevista.

SUGESTÃO DE LEITURAS PARA APROFUNDAR O TEMA

BENTO, M. A. Branqueamento e branquitude no Brasil. In: CARONE, I.; BENTO, M. A. (Org.). **Psicologia social do racismo**: estudos sobre branquitude e branqueamento no Brasil. Petrópolis: Vozes, 2002. p. 25- 57.

O livro ressalta como o silêncio sobre a situação privilegiada dos brancos colaborou para o aumentos das desigualdades raciais. A obra argumenta que o enfoque dado sobre a questão racial no Brasil evidencia a situação dos negros como se eles fossem os responsáveis por sua situação desprivilegiada.

HOFBAUER, A. **Uma história de branqueamento ou o negro em questão.** São Paulo: Ed. da Unesp, 2006.

O tema central desse estudo é a análise e reavaliação do que se convencionou chamar de *ideologia do branqueamento*. O autor pretende mostrar que o ideário de transformar negro em branco perpassou longos períodos históricos, em que o ideal do branco tem sido ressemantizado constantemente.

SILVA, M. J. da. **Racismo à brasileira**: raízes históricas, um novo nível de reflexão sobre a história social do Brasil. 4. ed. rev., atual. e ampl. São Paulo: A. Garibaldi, 2009.

Essa obra oferece ao leitor e ao estudioso um conteúdo novo, acrescentado ao antigo, numa perspectiva histórica que acompanha os debates intelectuais em torno do racismo no mundo.

3

Teoria da democracia racial

Neste capítulo, abordaremos o desenvolvimento da teoria ou ideologia da democracia racial, utilizada como verdade durante longos anos na sociedade brasileira. Vamos elucidar sua gênese, seu referencial, bem como o início da sua desconstrução científica como sentença verdadeira da sociedade nacional.

Faremos uma análise de como a solidificação dessa teoria trabalhou de forma a obstruir o autoconhecimento dos afro-brasileiros e o reconhecimento dos seus governantes de que o Brasil é um país racista.

Ressaltamos a importância do movimento negro como força propulsora da mudança necessária para o rompimento com essa ideologia amplamente propagada e que infelizmente ainda ronda o pensamento cotidiano da população brasileira. Somente o conhecimento do que de fato ocorreu e ocorre em nossa sociedade pode despertar o pensamento social nacional para a realidade desigual que nos cerca. Assim, só assim, poderemos sonhar com um país livre de preconceitos e racismo e mais igualitário[1].

Desenvolvimento da democracia racial

A partir de 1930, começou a crescer no Brasil a ideia de desenvolvimento social, com o governo do Presidente Getúlio Vargas, figura popular que circulava bem em todos os segmentos da sociedade e que buscava a modernização do país. Para alcançar

---

1 *Igualdade* aqui entendida dentro da "noção de equidade".

seus objetivos, traçou mudanças substanciais nos âmbitos social, político, ideológico e principalmente econômico, e o Estado brasileiro tornou-se cada vez mais nacionalista e centralizador.

Ao longo de seus governos, Vargas instituiu reformas que impactaram principalmente o setor industrial e seu desenvolvimento, bem como implementou direitos e melhorias de condições de trabalho para muitos trabalhadores. Oliveira (2013) define as mudanças de 1930 promovidas por Vargas como uma revolução burguesa não clássica, isto é, que não causou uma ruptura entre a estrutura agrária e o Estado. O autor elucida a importância da Consolidação da Leis Trabalhistas (CLT) como avanço para a indústria emergente e fortalecimento do próprio modo de produção capitalista, rompendo com algumas visões até romantizadas sobre essa lei[2].

É da Era Vargas a apresentação de um país de destaque no futebol e no carnaval, duas paixões tipicamente nacionais e que transmitiam uma imagem idealizada de harmonia multirracial, que buscava mostrar o Brasil para o exterior como um país sem preconceito racial. "Vargas integrou de modo simbólico os negros e mulatos à cultura nacional brasileira, o que contribuiu para dissolver os protestos dos negros" (Telles, 2003, p. 54).

Esse momento histórico-político coincidiu com os esgotamentos das teorias pseudocientíficas que defendiam a inferioridade dos negros. As ideias eugenistas que apregoavam propostas de "curar o Brasil do atraso" com o branqueamento pelo cruzamento ou até pela esterilização – como defendiam alguns

---

2 Apesar de Francisco de Oliveira não fazer uma análise sobre a localização espacial e do grande contingente negro brasileiro dentro de todo o processo analisado da indústria que emergia, é interessante conhecer sua análise crítica para entendimento desse momento histórico e de formação econômica brasileira.

médicos sanitaristas que acreditavam que esse método serviria para cuidar da higiene das raças, elevando a racionalidade – não podiam mais ser sustentadas. Todas as teorias adotadas até então deram início a um processo de decadência, passando a não dar respostas às necessidades das novas concepções adotadas pelo Estado.

Foi nesse contexto que o sociólogo Gilberto Freyre propôs que a temática racial fosse pensada e analisada dentro de outro enfoque, deslocando o foco analítico do conceito de *raça* para o conceito de *cultura*. Assim, a mistura de raças iniciou seu processo de aceitação como parte integrante da identidade nacional brasileira.

Em *Casa-grande & senzala*, Freyre (1933) expôs de forma descritiva a história do universo agrário do Nordeste brasileiro, que tinha como base da economia as grandes plantações de cana-de-açúcar, que se utilizava do modo de produção escravista. Destacou a falta de mulheres brancas, daí a ligação entre as indígenas e escravas negras e os senhores donos dos engenhos, obviamente brancos. A essa aproximação sexual, Freyre deu a conotação de diminuição do distanciamento entre a casa-grande e a senzala, porém sem considerar que a opção se dava de forma unilateral, ou seja, que o senhor do engenho escolhia e queria "deitar-se" com a escrava, e a ela não era dado o poder de optar se queria ou não. Isso, por si só, já trazia uma conotação nada fraternal; ao contrário, na grande maioria das vezes, essa aproximação era na realidade brutal, cercada de muita violência física.

Segundo Munanga (2008), Freyre teve sua parcela de participação na construção da identidade negra brasileira ao mostrar que negros, índios e mestiços trazem contribuições positivas e influências nos mais variados aspectos culturais da sociedade brasileira – pelo estilo de vestir, pelas comidas, pela dança –, possibilitando que se iniciassem de forma concreta os contornos de uma identidade brasileira.

Assim se espalhou e se propagou a ideia da *democracia racial*, expressão já existente e da qual Freyre se apropriou para consolidar sua teoria. Ao argumentar que a constituição do povo brasileiro se deu de forma pacífica e harmônica entre as três culturas que constituem essa nacionalidade – a europeia, a indígena e a africana –, o escritor difundiu a ideia de que o Brasil estava isento do racismo que assolava os outros países. Essa característica ímpar, preconizada pelo sociólogo, tornou-se motivo de orgulho nacional, e os escritos dele alcançaram um "status científico, literário e cultural que duraria pelo menos até a década de 80" (Telles, 2003, p. 50).

A formação acadêmica de Freyre foi marcadamente norte-americana, com graduação na Universidade de Baylor, no Texas, e pós-graduação na Universidade de Columbia, em Nova Iorque. Sua atuação profissional também traz essa característica, pois se tornou professor convidado nas Universidades de Indiana e Stanford. Sua vivência nos Estados Unidos e o acompanhamento da questão sobre a relação racial naquele país seguramente o influenciaram para que não identificasse no Brasil todo o acirramento da luta que verificava no país norte-americano e o levaram a deduzir que havia pouco ou nenhum racismo em sua terra pátria.

É importante notar que, conjunturalmente, essa visão era muito propícia, pois se encaixava perfeitamente no projeto político nacional liberal e conservador brasileiro, que, dentro das estruturas governamentais, se destacava com ações paternalistas e relações fundamentadas no clientelismo. A visão de que havia uma relação racial harmoniosa abria possibilidades para a constituição de um nacionalismo que favoreceria a modernização.

A democracia racial, proposta e desenvolvida cientificamente por Freyre, negava que pudesse existir racismo no Brasil. Essa teoria trouxe em seu bojo algo que se tornou nocivo não somente para os negros, mas para a sociedade brasileira como um todo, pois essa visão consolidou um mito:

> O mito [...], baseado na dupla mestiçagem biológica e cultural entre as três raças originárias tem uma penetração muito profunda na sociedade brasileira: exalta a ideia de convivência harmoniosa entre os indivíduos de todas as camadas sociais e grupos étnicos, permitindo às elites dominantes dissimular as desigualdades e impedindo os membros das comunidades não brancas de terem consciência dos sutis mecanismos de exclusão da qual são vítimas na sociedade. (Munanga, 2008, p. 77)

Envoltos em uma falsa realidade de democracia racial, os conflitos foram escamoteados e impossibilitaram que indivíduos vitimados por exclusão, por desigualdades e até por preconceito se identificassem com seus pares, procurando a superação desse quadro, e partissem em busca de uma construção de identidade que respondesse de forma significativa e positiva as suas necessidades e subjetividades.

O racismo, segundo Hofbauer (2006), deve ser encarado como um fenômeno ideológico que, como tal, é influenciado por representações simbólicas e por crenças sob as quais se dá o significado subjetivo para o desenvolvimento das ações no cotidiano dos indivíduos. Sendo assim, o racismo encontra muita força em formas de expressões que vão se consolidando cada vez mais nas suas práticas usuais, tornando-se muito difícil combatê-lo.

Durante a ditadura militar, principalmente no período de 1967 a 1974, a teoria da democracia racial foi firmemente defendida e disseminada, sem dar margens a qualquer contestação. Aplicando duras sanções e agindo coercitivamente, o governo militar impedia qualquer movimentação contrária a essa linha de pensamento e principalmente a qualquer movimento que ousasse identificá-lo como adepto do racismo.

Essa dinâmica se deu em virtude de um cenário de conjuntura internacional que apresentava momentos de ebulição e protestos dos negros nos Estados Unidos, o que provocava receio nos militares de que o movimento negro brasileiro tomasse alguma iniciativa que ameaçasse a ordem ou a segurança nacional. Paralelamente, nesse período observou-se forte propagação da cultura religiosa afro-brasileira, em face do número de oficiais militares que eram liderança dentro das federações e congregações de umbanda (Telles, 2003, p. 58).

Início da desconstrução do mito da democracia racial

Na década de 1950, devido à repercussão da democracia racial brasileira no mundo, a Organização das Nações Unidas para a Educação, a Ciência e a Cultura (Unesco), interessada em conhecer a chave da relação harmoniosa racial brasileira que contrastava com a realidade mundial, que era de grande violência, financiou estudos com o objetivo de identificar o segredo dessa relação racial pacífica.

Florestan Fernandes, entre outros, foi o pesquisador brasileiro nomeado para desenvolver a pesquisa com um grupo de estudiosos estrangeiros. As conclusões do levantamento causaram surpresa, pois foram frontalmente contrárias à teoria de Freyre (1933), que apontava para uma harmonia ou democracia racial.

Esse trabalho realizado pela Unesco indicou que o racismo estava, sim, presente na sociedade brasileira. Diferentemente de Freyre (1933) – que identificava as relações raciais de forma horizontal, apresentando-as como harmoniosas –, Fernandes (2004) dizia que as formas dessa relação eram verticalizadas, em que o negro era excluído das relações de trabalho e de desenvolvimento humano, privação que resultava em grande desigualdade social. Assim, Fernandes interessou-se em estudar a discriminação racial que ocasionara essa desigualdade e mostrou de forma mais evidente a realidade racial brasileira.

A crítica contida no trabalho de Fernandes (2004) está na tendência a se salientar a inaptidão dos negros para o trabalho assalariado como uma das causas da desigualdade, argumentando-se que eles eram inaptos para desenvolver o exigido pelo mercado de trabalho capitalista. Para esse pesquisador, o racismo era incompatível com o sistema capitalista e, portanto, com o desenvolvimento do capitalismo ele deveria ser extinto, pois os brancos não conseguiriam manter-se como privilegiados do sistema por muito tempo (Telles, 2003, p. 59). Cabe ressaltarmos que o próprio Fernandes, nos seus escritos posteriores, reviu alguns aspectos dessas teses (Fernandes, 2004; Marçal, 2012).

Antes mesmo do golpe militar, já havia no Brasil intelectuais que contestavam a teoria de democracia racial, mas, em razão da grande repressão, essas pesquisas sobre relações raciais não foram levadas adiante. O governo militar tinha grande receio de que ocorresse no Brasil o mesmo que nos Estados Unidos quando as lutas pelos direitos civis estavam bem acirradas. Nesse período, alguns intelectuais, pesquisadores de referência no tema, foram exilados, como Abdias do Nascimento[3], Fernando Henrique Cardoso, Octavio Ianni e o próprio Florestan Fernandes. Dessa forma, houve um silenciamento sobre as questões raciais, fazendo com que a democracia racial continuasse imperando como "verdade". E assim o foi durante toda a década de 1970 e 1980, a despeito da contestação da teoria elaborada por Fernandes em 1950.

O movimento negro brasileiro

Alguns movimentos formados para desenvolvimento da cultura afro-brasileira foram criados no Brasil. Os mais expressivos e com maior durabilidade são a Frente Negra Brasileira (FNB) e o Movimento Negro Unificado (MNU). Historicamente, o movimento negro, criado por meio de associações comunitárias, grupos de religiosos ou escolas de samba, vivenciava um

---

3 Abdias do Nascimento: intelectual negro, escritor e artista plástico, figura de destaque do movimento negro por todo o seu envolvimento e dinamismo.

grande desafio: a ligação da cultura com a política – a maioria desses movimentos carecia da dimensão política. Assim, alguns movimentos foram temporários e fragmentados.

A FNB, fundada em 16 de setembro de 1931, surgiu em um contexto de recessão, que provocou o início de um deslocamento populacional da zona rural para as grandes cidades motivado pela procura de emprego. Os empresários, no entanto, privilegiavam as contratações de pessoas de pele clara em detrimento das de pele não clara. Desse modo, a FNB abraçou a tarefa de fortalecer o movimento em defesa dos interesses da população negra. Essa instituição, em muitos momentos reconhecida e tratada como representante legal da comunidade negra, foi uma das primeiras a denunciar o "preconceito de cor" e talvez tenha sido a pioneira na utilização da expressão "movimento negro" (Hofbauer, 2006).

A FNB se estruturou de forma organizada. Em 1933, lançou um jornal para difusão de suas ideias, *A Voz da Raça*. Em 1936, quando era incipiente a proposta de a organização se transformar em partido político, veio o golpe do Estado Novo (1937), o qual, de forma coercitiva, proibiu as atividades de qualquer organização política. A FNB foi proibida de exercer suas atividades políticas em dezembrodo mesmo ano, fato que ocasionou grande perda para o movimento negro. O corporativismo do Governo Vargas fez sucumbir as organizações e partidos, que se viram obrigados a aceitar a incorporação imposta. Dessa forma, os brasileiros negros tiveram de abrir mão, por imposição, de um importante instrumento de veiculação política de que dispunham (Hanchard, 2001).

Vale mencionar outra importante organização criada por um destacado intelectual negro e importante figura do movimento negro, Abdias do Nascimento: o Teatro Experimental do Negro (TEN). Em 1944, o grupo iniciou as atividades com o objetivo de ser uma companhia teatral, mas não somente isso: também lançou mão de exercer funções culturais e políticas. O TEN realizou importantes contribuições com a criação do jornal *Quilombo* (1948-1950), o lançamento de campanhas de alfabetização de forma modesta e cursos voltados para elevação do baixo nível cultural da população negra brasileira.

Quando o regime militar começou a ruir e começaram os rumores de "redemocratização" e abertura política, o momento de reivindicações por conta de toda a crise capitalista do "milagre econômico" falido tornou-se o cenário perfeito para que as organizações do movimento negro se manifestassem de maneira contundente. Assim, em 7 de julho de 1978, em São Paulo, nas escadarias do Teatro Municipal, foi realizada uma mobilização de vários grupos cujo objetivo comum era a denúncia de discriminações raciais e a propagação do Movimento Negro Unificado Contra a Discriminação Racial (MNUCDR), mais tarde conhecido como *Movimento Negro Unificado* (MNU). Esse movimento ganhou abrangência nacional com frentes em alguns estados, tornando-se a segunda grande fase do movimento negro brasileiro.

Assim, impactada por toda uma visão internacional do movimento negro, principalmente pelo que ocorria nos Estados Unidos e pelas conquistas de independência de países africanos, a militância não só iniciou um processo de luta pela valorização da cultura negra, como também assumiu uma postura política bem mais acirrada e voltada para aspectos político-ideológicos. Seus programas em defesa dos negros passavam por questões bem diferenciadas das do movimento negro de 1930, pois não aceitava mais que os negros fossem culpabilizados por sua situação de desigualdade. Como salientou Hofbauer (2006, p. 380) sobre esse momento, "a questão da discriminação racial passa a ser tratada como um fenômeno diretamente ligado ao "sistema econômico explorador e/ou à civilização branco-europeia".

Em seus documentos de programas de ação, o MNU deixou explícita sua postura contra a discriminação racial e contra a marginalização dos negros e iniciou campanhas que denunciavam a violência policial sofrida pela população negra. Já em seu primeiro congresso, aprovou resoluções a respeito da organização nacional e como se comportaria em relação ao apoio a candidatos políticos. Em sua plataforma específica, defendia a postura contrária à discriminação da mulher negra, dos homossexuais, das prostitutas, dos negros e dos pobres.

Depois desse momento, o movimento negro só se fortaleceu e solidificou sua participação dentro do cenário político brasileiro. Suas discussões avançaram para questões relativas à igualdade de direitos, à identidade racial, à cor da pele e outros temas relevantes que não se esgotam de forma simples.

Síntese

Na década de 1930, o sociólogo Gilberto Freyre, por meio de seu livro *Casa Grande & senzala*, começou a obter destaque ao considerar o conceito de *cultura* na temática racial, tirando o enfoque de raça que era adotado no meio acadêmico.

Nesse conceito, denominado *democracia racial*, expressão já existente e da qual Freyre se apropriou, a constituição do povo brasileiro se estabeleceu de forma harmônica entre as culturas europeia, indígena e africana.

A democracia racial ocasionou o falseamento da realidade racial brasileira, pois, ao evidenciar o viver harmônico, escondia as diferenças e disparidades nas oportunidades entre as raças, fato que desencadeou uma desigualdade racial que tem suas consequências sentidas até os tempos atuais.

Atividades de autoavaliação

1. As mudanças ocorridas na década de 1930 visavam atender a uma demanda específica, a saber:
   a) A população trabalhadora.
   b) A indústria emergente.
   c) Os negros e mulatos.
   d) Os trabalhadores do campo.

2. O Estado Novo (1937) foi um momento de:
   a) desenvolvimento da democracia.
   b) exercício da cidadania.
   c) proibição de atividades de qualquer organização política.
   d) abertura política.

3. Em 1978, foi realizada uma grande mobilização denunciando a discriminação racial e propagando o Movimento Negro Unificado Contra a Discriminação Racial (MNUCDR), mais tarde conhecido como *Movimento Negro Unificado* (MNU). Alguns fatos tornaram possível esse momento histórico; entre eles, destaca-se, **exceto**:
   a) A ruína do regime militar e o início de uma "redemocratização", com vistas à abertura política.
   b) Ebulição social por conta das reivindicações provocadas pela crise capitalista.

c) O fim do "milagre econômico".
d) O fortalecimento militar.

4. Movimento importante, fundado em 1931, que teve seu início marcado por conta de recessão e deslocamento populacional da zona rural para as grandes cidades:
   a) Partido dos Trabalhadores.
   b) Partido Socialista.
   c) Movimento Negro Unificado.
   d) Frente Negra Brasileira.

5. Sobre a questão racial no Brasil, podemos afirmar que:
   a) A Era Vargas foi importante para diminuição das desigualdades raciais.
   b) Durante o regime militar, houve melhor desenvolvimento do movimento negro.
   c) Sempre houve uma relação harmoniosa entre as "raças".
   d) A falta de políticas públicas que atendessem à população negra fez com que aumentassem cada vez mais as desigualdades sociais entre brancos e não brancos.

Atividades de aprendizagem

Questões para reflexão

1. Você concorda com a perspectiva de que o Brasil é um país racista? Justifique sua resposta.

2. Você sabia que o racismo pode se manifestar das mais diferenciadas formas? Como acha que as mídias têm contribuído para a manutenção do racismo?

Atividade aplicada

Descreva como o conhecimento sobre a teoria da democracia racial pode auxiliá-lo no entendimento sobre a questão racial brasileira.

SUGESTÃO DE LEITURAS PARA APROFUNDAR O TEMA

HOFBAUER, A. **Uma história de branqueamento ou o negro em questão**. São Paulo: Ed. da Unesp, 2006.

O tema central desse estudo é a análise e reavaliação do que se convencionou chamar de *ideologia do branqueamento*. Hofbauer pretende mostrar que o ideário de transformação do negro em branco perpassou longos períodos históricos, em que o ideal do branco tem sido ressemantizado constantemente.

MUNANGA, K. **Rediscutindo a mestiçagem no Brasil**: identidade nacional *versus* identidade negra. 3. ed. Belo Horizonte: Autêntica, 2008.

É sob a luz do discurso pluralista emergente (multiculturalismo, pluriculturalismo) que essa obra recoloca em discussão os verdadeiros fundamentos da identidade nacional brasileira, convidando estudiosos para rediscuti-la e melhor entender por que as chamadas *minorias*, que, na realidade, constituem maiorias silenciadas, não são capazes de construir identidades políticas verdadeiramente mobilizadoras.

TELLES, E. E. **Racismo à brasileira**: uma nova perspectiva sociológica. Tradução de Nadjeda Rodrigues Marques e Camila Olsen. Rio de Janeiro: Relume Dumará; Fundação Ford, 2003.

Esse é um estudo sociológico e demográfico das relações raciais no Brasil, acrescido de comparações com a situação nos Estados Unidos e na África do Sul. Os brasileiros constantemente têm se confrontado com os americanos e tradicionalmente argumentam que as relações raciais no Brasil são mais harmoniosas devido à ocorrência da miscigenação, em vez da segregação formal ou informal. Telles tenta compreender a realidade racial no Brasil e como ela se posiciona ante as relações raciais.

4

Políticas de ações afirmativas

Neste capítulo, abordaremos como se constituiu o caminho para o desenvolvimento de políticas que respondessem aos anseios dos grupos de negros e indígenas historicamente excluídos. Tão importantes para a formação da população brasileira, eles foram relegados à subordinação econômica, social e cultural; todavia – a despeito de lhes terem negado a terra, o desenvolvimento educacional escolar e a preparação para o mercado de trabalho –, buscaram, por meio das suas organizações sociais, formas de luta que lhes dessem as condições necessárias para garantir seus direitos.

Assim, no embate de forças políticas, alguns avanços foram alcançados e outros tantos ainda continuam como desafios. Neste ponto do texto, iremos nos debruçar sobre a conquista, do movimento de negros e dos povos indígenas, de políticas de ações afirmativas, principalmente nas áreas de educação e trabalho. Trata-se de vitória importante no início da superação da desigualdade e do estímulo à inclusão desses grupos a bens sociais valiosos e essenciais para a instauração da igualdade racial brasileira.

Dessa forma, organizamos este capítulo para que você conheça essa construção política e o desenvolvimento de marcos legais e históricos com vistas à garantia desses direitos, bem como o estabelecimento das políticas de ações afirmativas para propiciar aos contingentes indígena e negro o acesso ao ensino superior.

A construção das políticas de ações afirmativas no Brasil

O Estado brasileiro, solidificado no seio do capitalismo, caracterizado como tardio, traz historicamente um déficit educacional instaurado desde antes da República Velha. Se olharmos para essa questão educacional utilizando um recorte racial[1], vamos perceber mais que um déficit, pois, quando se trata da população negra, descendente do regime escravocrata, identificamos a exclusão desse numeroso contingente de pessoas do processo escolar formal, cujo acesso lhes foi totalmente negado.

A garantia, como direito, da presença negra nos diferentes níveis de escolarização se deu de forma truculenta (Siss, 2012). Da mesma forma, não poderia ser diferente quanto ao acesso ao ensino superior, tema que mais tem levantado controvérsias na atualidade com a implantação do sistema de cotas.

Torna-se relevante destacar aqui a atuação do Estado diante da implementação de políticas como resposta a um movimento anterior que mobilizou interesses de determinada categoria ou classe. Destacamos que trabalhamos com o entendimento de que as políticas de ações afirmativas são:

> Políticas públicas, estatais e de caráter compulsório, elaboradas e implementadas pelo Estado. É o Estado em ação. Sua gestão pode estar a cargo do próprio Estado ou ser por ele delegada.

---

1 *Raça* aqui é entendida como uma construção social, superando o conceito biologicamente construído.

> Elas estão voltadas para a promoção e a afirmação da igualdade daqueles grupos ou minorias políticas colocadas em posição de subalternização social. (Siss, 2012, p. 18)

O objetivo das políticas de ações afirmativas é antecipar o movimento de equalização que dê condições de assegurar o processo democrático, no intento de afiançar a diversidade e a pluralidade social (Piovesan, 2005). Esclarecemos que *igualdade* é aqui considerada como pautada no respeito à diferença e à diversidade.

Historicamente, podemos encontrar algumas ações governamentais com características de ações afirmativas, nas quais o governo intervém para minimizar problemas sociais e responder a questões conturbadas do mercado de trabalho. Foi assim em 1931, quando o então Presidente Vargas promulgou a Lei de Nacionalização do Trabalho, ainda presente na Consolidação das Leis do Trabalho (CLT).

O objetivo era garantir aos trabalhadores nacionais o acesso ao mercado de trabalho, visto a invasão da mão de obra estrangeira como consequência da política de imigração[2] desenvolvida anteriormente. Essa lei estabelecia que dois terços dos contratados para as indústrias e estabelecimentos comerciais da época fossem trabalhadores nacionais. Além disso, determinava a redução de cotas de entrada de imigrantes no país.

Ainda na década de 1930, o movimento social Frente Negra Brasileira (FNB), ao identificar que a Guarda Civil de São Paulo não continha nenhum afro-brasileiro em seu quadro de membros, decidiu solicitar audiência com a Presidência e teve a reivindicação atendida: nesse mesmo ano, foram contratados 200 homens afro-brasileiros para integrar a Guarda Civil, número que chegou a 500 profissionais no decorrer da década (Siss, 2012).

---

2 Essa política de imigração foi destacada nos capítulos anteriores e sua origem tem ligação com a teoria de branqueamento da sociedade brasileira.

Nos anos de 1980, alguns estados brasileiros implantaram conselhos especiais que tratassem das questões que envolviam o negro. Em 1984, o Estado de São Paulo foi pioneiro ao implantar o Conselho da Participação e Desenvolvimento da Comunidade Negra, que tinha entre seus objetivos investigar denúncias de disseminou-se e violência policial contra os negros. Esse modelo disseminou-se para outras regiões do país. Em 1985, o então presidente da República, José Sarney, chegou a propor a criação do Conselho Negro e Ação Compensatória; porém, na efetivação da ação, surgiu a Fundação Cultural Palmares, que acabou enfatizando temas e direitos culturais, o que fez com que fossem pormenorizadas as questões estruturais de necessidades socioeconômicas dos negros, principalmente nas áreas de educação, emprego e saúde (Telles, 2003).

Percebemos assim que as ações governamentais foram tomadas de forma isolada, sem o entendimento claro da necessidade do desenvolvimento de políticas públicas efetivas para corrigir as desigualdades de raças dentro da sociedade brasileira. Dessa forma, a desigualdade só poderia agravar-se cada vez mais. A postura do Estado diante da necessidade de superação da desigualdade não poderia ser diferente, visto que este não se reconhecia como racista e desigual e, portanto, não considerava que havia diferenças ou discriminações dentro da sua sociedade harmoniosa.

Nos anos finais da década de 1980, respirava-se por todo o país certo ar de liberdade; havia uma efervescência dentro dos movimentos sociais, os quais buscavam, por meio de suas representações políticas, possibilidades para sensibilização das demandas. Desse modo, o movimento negro, aliado a outros segmentos organizados, começou a aspirar – e planejar – à obtenção de garantias legais para questões sociais há muito ignoradas.

O marco legal para o fortalecimento das lutas em torno das questões raciais, bem como de outras demandas de categorias há muito silenciadas[3], foi a Constituição de 1988 (Brasil, 1988), que se tornou o alicerce na garantia de direitos humanos a todo cidadão brasileiro, consolidando direitos sociais significativos para o desenvolvimento nacional nas áreas de educação, saúde e assistência social. Os princípios constitucionais já inicialmente acenaram como possibilidades de avanços na luta contra o racismo. A formalidade legal estabeleceu o princípio da tolerância e do multiculturalismo e foram reconhecidos direitos e identidades, condição importante para alicerçar outras leis antirracistas nas demais esferas jurídicas (Telles, 2003).

A democratização vivenciada – e legalmente estabelecida pela Constituição de 1988 – oferecia possibilidades de avanços a grupos organizados. O movimento negro, que já havia atuado como força política na construção desse momento democrático, iniciou campanha massiva de combate à desigualdade racial existente, contrapondo o discurso de que na sociedade brasileira não existia racismo. Assim, aliado a outros segmentos, esse movimento expandiu as discussões sobre a necessidade de implementação de políticas de ações afirmativas, visando ao combate às desigualdades, e ampliou seus espaços para âmbitos midiáticos, bem como dentro das esferas governamentais nos diversificados entes da República Federativa brasileira. Esse foi o cenário da década de 1990, vivenciado em um contexto bem mais democrático.

---

3 É importante observarmos que, para além do movimento negro, outros grupos foram contemplados. Podemos considerar, por exemplo, a coletividade feminista, que obteve êxito ao incluir na Constituição leis antissexistas, importantes para a defesa de direitos na questão de gênero. Outro movimento a ser contemplado no texto constitucional foram os indígenas.

Na academia, intelectuais começaram a realizar de forma mais periódica estudos sobre raça como campo de análise das ciências sociais, os quais confirmaram a posição racista brasileira. Essa condição preconceituosa ficou cristalizada na comprovação, por meio de pesquisas, da constituição da situação econômica gerada pelo tratamento historicamente desigual de raças. Diante dessa constatação, não foi mais possível a sustentação da farsa de ser este um país não racista.

O Brasil se prepara para Durban

A Conferência de Durban foi um evento internacional promovido pela Organização das Nações Unidas (ONU) que ficou conhecido como marco histórico para o desenvolvimento de políticas de ações afirmativas no cenário político brasileiro. A motivação para a organização da ocasião deu-se, principalmente, como resposta a uma crescente preocupação internacional com incidentes com teor racista vistos pelo mundo globalizado. Assim, em 1997, a Assembleia Geral da ONU decidiu promover a Terceira Conferência Mundial contra o Racismo, Discriminação Racial, Xenofobia e Intolerância Correlata, planejada para acontecer em agosto e setembro de 2001 em Durban, na África do Sul[4].

No Brasil, a preparação para a conferência representou uma mudança de postura do governo na forma de tratar a questão

4 Local emblemático relacionado ao combate ao preconceito racial, em razão do regime de *apartheid*, que havia sido tema central das duas primeiras conferências da ONU.

racial. Até então, o tema era discutido por intelectuais que afirmavam que no país não havia racismo e que a adoção de políticas de ações afirmativas poderia incitar o surgimento do preconceito. Na organização para a participação no evento, o governo brasileiro iniciou diálogo direto com o movimento negro sem buscar a interlocução da Fundação Cultural Palmares, como procedia antes. Devido a alguns entraves políticos para a realização da conferência regional no Brasil[5], o evento acabou acontecendo no Chile, em 2000.

Em decorrência dessa conferência acontecida no Chile, um importante documento para combate ao racismo na América Latina foi produzido e intitulado *Documento de Santiago*[6], o qual continha orientações de combate ao racismo, com adoção de políticas de ações afirmativas. Surpreendentemente, as propostas e reflexões ali apresentadas foram reconhecidas pelo Brasil, bem como por outros países latino-americanos que se comprometeram a adotá-las como plataforma oficial. Dessa forma, o governo brasileiro financiou reuniões preparatórias para a conferência, nas quais se discutiu o tema da população afro-indígena, e, em julho de 2001, foi realizada no Rio de Janeiro a conferência preparatória regional, com a participação de aproximadamente 2 mil integrantes do movimento negro do país (Telles, 2003).

A despeito de alguns acontecimentos ocorridos na Conferência de Durban – como a retirada dos EUA e de Israel –, o evento

---

5 Para mais informações sobre o que aconteceu no Brasil nos momentos de preparação para conferência e o desmonte da conferência regional que o país sediaria, leia o Capítulo 3 do livro **Racismo à brasileira:** uma nova perspectiva sociológica. Tradução de Ana Arruda Callado, Nadjeda Rodrigues Marques e Camila Olsen. Rio de Janeiro: Relume Dumará; Fundação Ford, 2003.

6 Caso você queira inteirar-se do conteúdo deste documento, acesse: <http://avaliacaodurban2009.files.wordpress.com/2009/01/documento-final-da-conferencia-regional-preparatoria-da-america-latina-e-caribe-para-a-conferência-derevisão-de-durban-portugues.pdf>.

simbolizou grande conquista para o movimento negro brasileiro. Na verdade, representou uma ruptura oficial com a democracia racial[7], pois, ao reconhecer que o Brasil é um país racista e com desigualdades raciais alarmantes, o governo brasileiro se comprometeu a implementar políticas de ações afirmativas principalmente nas áreas de educação e trabalho.

Cabe ressaltarmos, entretanto, que o objeto geral discutido neste livro – a legislação que altera os art. 26-A e 79-B da Lei de Diretrizes e Base da Educação Nacional (LDBEN) – Lei n. 9.394, de 20 de dezembro de 1996 (Brasil, 1996) – constitui uma política de ação afirmativa. Na sequência, faremos uma síntese de outras políticas públicas de ações afirmativas promulgadas nos últimos anos no Brasil. Entre outras destacaremos aquelas relacionadas ao ensino superior, à legislação e ao âmbito do trabalho.

O acesso de estudantes negros ao ensino superior

O sistema de cotas[8], como foi designada a Política de Ação Afirmativa (PAA) de acesso de estudantes negros ao ensino superior, foi, sem dúvida, a mais polêmica de todas as propostas.

---

7 Ruptura oficial; porém, infelizmente, no imaginário brasileiro a visão de que este não é um país racista ainda é muito presente.

8 Instituído pela Lei n. 12.711, de 20 de agosto de 2012. Disponível em: <http://www.planalto.gob.br/ccivil_m03/_ato2011-2014/2012/lei/l1271.htm>.

Não é de se estranhar que uma iniciativa voltada a garantir direitos ao contingente populacional negro, em detrimento daqueles que universalmente ocupavam esse espaço com propriedade, não se daria de forma serena.

O debate travado dentro e fora da academia trazia argumentos e opiniões a favor e contra a implementação dessa política. Intelectuais contrários ao sistema de cotas argumentavam que essa iniciativa traria o tema do preconceito para o cotidiano das pessoas, pois defendiam que, uma vez que não havia racismo no Brasil, seria desnecessária tal medida. Os defensores da necessidade de implementação do sistema faziam-no com base em pesquisas que apontavam claramente a desigualdade entre negros e brancos, evidenciando a superioridade econômica da população branca brasileira.

O acirramento de opiniões contrárias e favoráveis foi evidenciado no momento em que começaram a tramitar o projeto de lei de cotas e o Estatuto da Igualdade[9], quando então se iniciaram as manifestações. Intelectuais, artistas e ativistas contrários à política apresentaram um documento com 144 assinaturas no qual expuseram opiniões que iam desde a defesa de que tal medida poderia provocar conflito e intolerância até a de que serviços públicos universais deveriam existir como medida de superação da exclusão social. De igual modo, representantes dessas mesmas categorias que eram favoráveis à política de cotas providenciaram um manifesto, com 500 assinaturas, em que se posicionavam favoráveis às cotas, denunciando a exclusão racial no ensino superior como uma das mais solidificadas e gritantes impostas ao estudante negro (Marçal, 2012).

---

9 Lei n. 12.288, de 20 de julho de 2010. Disponível em: <http://www.planalto.gov.br/ccivil_03/_Ato2007-2010/2010/Lei/L12288.htm>. Acesso em: 17 mar. 2015.

Assim, foram travadas diversificadas lutas judiciais em torno da implementação ou não da ação afirmativa de cotas no ensino superior. Sem dúvida, toda essa discussão serviu para dar notoriedade à questão racial: saímos da situação de negação do preconceito para o enfrentamento desse problema e de suas consequências historicamente arraigadas. Durante esse debate, alguns contrários foram convencidos da necessidade da implantação das cotas, e outros preferiram continuar com suas "velhas opiniões formadas".

Várias universidades, utilizando-se da autonomia que a lei lhes concede, decidiram adotar o sistema de cotas. A primeira foi a Universidade de Brasília (UnB), em 2004, seguida por outras como a Universidade Federal do Paraná (UFPR), que contemplou o sistema no vestibular de 2005.

A aprovação da Lei n. 12.711, de 29 de agosto de 2012 (Brasil 2012), que dispõe sobre o ingresso nas universidades federais e nas instituições federais de ensino técnico de nível médio, é um marco legal que trouxe amparo jurídico para as políticas nesse setor. Para as universidades que já haviam adotado em seus vestibulares a política de cotas, a lei simboliza a confirmação das práticas e determina padrões a serem seguidos; para as demais, sinaliza a necessidade de adequação à norma. Essa lei estabelece, em seu art. 1º, que 50% das vagas de ingresso de estudantes dos institutos federais de educação devem ser preenchidas por estudantes que tenham cursado o ensino médio em escolas públicas e dispõe ainda como deverá ser realizada a disposição de vagas para estudantes autodeclarados pretos, pardos e indígenas. Veja, a seguir, o que determina o art. 3º do diploma legal:

> Art. 3º. Em cada instituição federal de ensino superior, as vagas de que trata o art. 1º desta Lei serão preenchidas, por curso e

> turno, por autodeclarados pretos, pardos e indígenas, em proporção no mínimo igual à de pretos, pardos e indígenas na população da unidade da Federação onde está instalada a instituição, segundo o último censo do Instituto Brasileiro de Geografia e Estatística (IBGE). (Brasil, 2012)

As universidades têm um prazo para se adequarem à nova norma jurídica, aumentando o percentual paulatinamente até que alcancem o patamar do que está estabelecido na lei.

Estudantes indígenas no ensino superior: situações específicas

Para os povos indígenas, o ingresso normatizado pela Lei n. 12.711/2012, assim como no caso dos negros, já vinha ocorrendo com a utilização, em algumas universidades, de vagas suplementares. A manutenção desses estudantes por meio da assistência financeira foi assumida pela Fundação Nacional do Índio (Funai), vinculada ao governo federal. À época, a bolsa destinada ao estudante indígena era de R$ 700,00.

> A manutenção material dos estudantes indígenas nestas universidades foi, desde a origem, um problema central, tendo em vista se tratar de um componente de reconhecida fragilidade econômica e socioeducacional, constituído de migrantes bilíngues, pertencentes a matrizes culturais e ambientais diversas,

> acompanhados de familiares, cujas territorialidades e redes societárias abrangem, não raro, áreas distantes centenas ou milhares de quilômetros dos centros universitários. (Freitas; Harder, 2013, p. 69)

Com o aumento no ingresso de estudantes indígenas no espaço universitário, a Funai alegou não ter orçamento financeiro para atender a toda a demanda, e assim foram estabelecidos critérios para a concessão do benefício. A referida assistência financeira foi um problema que causou muitas incertezas.

Em 2013, ao assumir a responsabilidade pela permanência dos estudantes indígenas, o governo brasileiro, por intermédio do Ministério da Educação (MEC), estabeleceu o programa Bolsa Permanência para estudantes matriculados em curso com carga horária superior ou igual a cinco horas diárias e a estudantes indígenas e quilombolas. O primeiro objetivo da bolsa é: "I – viabilizar a permanência de estudantes em situação de vulnerabilidade socioeconômica, em especial os indígenas e quilombolas" (Brasil, 2013).

A Bolsa Permanência estabeleceu uma diferenciação nos valores a serem recebidos pelo estudante: em 2013, para estudantes selecionados por conta da carga horária do curso, o benefício totaliza R$ 400; aos indígenas e quilombolas, R$ 900.

A despeito das condições de manutenção financeira, há outros fatores a serem considerados e que muitas vezes impossibilitam a continuidade dos estudos para esse alunado específico:

> Há também que se considerarem os limites institucionais das universidades brasileiras em suas dimensões sociais, epistemológicas, administrativas, políticas, pedagógicas etc., cujas condições não permitem, atualmente, que os jovens indígenas

> vivenciem os espaços de vida universitária de forma ampla, satisfatória e prazerosa. Ao contrário, o ambiente universitário brasileiro, em que pesem situações locais diversas, é muitas vezes permeado por preconceitos e estigmas de toda ordem. Não raro esse cotidiano experimentado pelos indígenas é pano de fundo central num quadro de evasão. (Freitas; Harder, 2013, p. 80)

A garantia de acesso ao ensino superior, por meio de políticas públicas de ações afirmativas, a grupos que por muito tempo foram excluídos desse espaço, sem dúvida foi um considerável avanço na luta por um país mais democrático e igualitário. No entanto, é necessário haver uma consciência de que a política não deve se restringir ao acesso, mas deve se expandir ao oferecimento de subsídios de permanência – e esta deve ser adotada a todos os segmentos beneficiários. Nesse sentido, é necessária uma análise cuidadosa de quais as dificuldades encontradas para que tal permanência possa ser vitoriosa. Também deve se pensar em uma permanência estudantil para além da graduação, de modo que negros e indígenas também tenham acesso aos programas de pós-graduação de nossas universidades públicas.

No âmbito da legislação, vale destacar que, com a aprovação da Lei n. 12.288, de 20 de julho de 2010 (Brasil, 2010), houve a institucionalização do Estatuto da Igualdade Racial, o qual regulamentou políticas de ações afirmativas para a população negra em várias dimensões da vida humana: saúde, educação e cultura, trabalho e meios de comunicação, acesso à terra e à moradia, entre outros aspectos.

Esse Estatuto tratou também do Sistema Nacional de Promoção da Igualdade Racial, que prevê a articulação dos diferentes entes federados (União, estados e municípios) na formulação de políticas que favoreçam a população negra brasileira. Cabe ressaltar que, no âmbito do serviço público, depois de a reserva de vagas para negros ser instituída em estados como Paraná, Mato Grosso do Sul, Rio de Janeiro e Rio Grande do Sul, o governo federal promulgou a Lei n. 12.990, de 9 de junho de 2014 (Brasil, 2014), que estabeleceu que 20% das vagas oferecidas nos concursos públicos para provimento de cargos na administração pública federal devem ser reservadas a negros. Todas essas leis são importantes para a consolidação da política de ação afirmativa, não como política de governo, mas como política de Estado.

Síntese

A conferência de Durban ficou conhecida como um marco histórico para o compromisso governamental brasileiro para o desenvolvimento de políticas de ação afirmativas. O objetivo de tais políticas é corrigir as desigualdades raciais vivenciadas na sociedade brasileira.

A preparação para a Terceira Conferência Mundial contra o Racismo, Discriminação Racial, Xenofobia e Intolerância Conexa significou uma mudança de postura do governo brasileiro, que buscou ouvir e atuar em conjunto com o movimento negro, o que possibilitou um amadurecimento da questão racial de forma nacional.

Na conferência citada, o governo brasileiro assumiu a responsabilidade de adotar políticas para a correção da desigualdade racial, principalmente nas áreas de educação e trabalho, iniciando um processo de incentivos.

Diante dessa abertura, algumas universidades iniciaram os processos seletivos adotando o sistema de cotas, fato que ocasionou muita polêmica. Independentemente das controvérsias, essa política afirmativa tem se solidificado cada vez mais, principalmente após a aprovação da Lei n. 12.711/2012, que solidificou a adoção dessa política.

A lei estabelece, em seu art. 1º, que 50% das vagas de ingresso de estudantes dos institutos federais de educação devem ser preenchidas por estudantes que tenham cursado o ensino médio em escolas públicas e dispõe ainda como deverá ser realizada a disposição de vagas para estudantes autodeclarados pretos, pardos e indígenas.

No âmbito da legislação, vale destacarmos a institucionalização do Estatuto da Igualdade Racial, com a aprovação da Lei n. 12.288/2010. Esse documento regulamentou políticas afirmativas para a população negra em várias dimensões da vida humana: saúde; educação e cultura; acesso à terra e à moradia; trabalho; meios de comunicação; entre outros aspectos.

Atividades de autoavaliação

1. No contexto das políticas de ações afirmativas, podemos destacar o sistema de cotas raciais como o mais controverso, pois gerou opiniões favoráveis e contrárias. A primeira universidade a adotar esse importante sistema de acesso ao ensino superior foi:
   a) Universidade Federal de Minas Gerais (UFMG).
   b) Universidade de Brasília (UnB).
   c) Universidade Federal do Paraná (UFPR).
   d) Universidade Federal do Maranhão (UFMA).

2. Importante estatuto que regulamentou políticas afirmativas para a população negra em várias dimensões da vida humana

(saúde, educação e cultura, acesso à terra e à moradia, trabalho e meios de comunicação, entre outros aspectos):

a) Estatuto da Igualdade Racial.
b) Estatuto da Juventude.
c) Estatuto da Criança e do Adolescente.
d) Estatuto da Igualdade Institucional.

3. A luta pela garantia de direitos para a população negra data de longa época, porém o Brasil não se reconhecia como país racista e tal postura dificultou a implementação de políticas públicas que visassem à correção da desigualdade entre negros, pardos e brancos. Qual foi o **marco histórico** que tornou possível ao Brasil se reconhecer como um país racista e para que fosse então possível a adoção de medidas com vistas a corrigir essa desigualdade?
   a) A luta do povo negro e o fortalecimento do movimento.
   b) A promulgação da Constituição Cidadã.
   c) A Conferência Mundial contra o Racismo, Discriminação Racial, Xenofobia e Intolerância Correlata, realizada em 2001.
   d) O estabelecimento da Lei n. 12.711/2012.

4. Podemos considerar as seguintes políticas de ações afirmativas, **exceto**:
   a) Políticas de Estado.
   b) Políticas públicas de caráter compulsório.
   c) Políticas que objetivam o desenvolvimento das universidades, mantendo sua desigualdade racial.
   d) Políticas voltadas para a promoção da igualdade racial.

5. Pode ser considerado(a) como marco legal maior para o fortalecimento das lutas dos movimentos sociais, inclusive do movimento negro, na busca da igualdade racial:
   a) A Constituição Brasileira de 1988.
   b) A Lei n. 12.711/2012.
   c) A Lei n. 12.288/2010.
   d) O Estatuto da Igualdade Racial.

Atividades de aprendizagem

Questões para reflexão

1. No decorrer da leitura deste capítulo, você pôde identificar o estabelecimento de leis para o desenvolvimento de políticas de ações afirmativas. Descreva qual é a importância desses marcos legais.

2. Descreva a importância do movimento negro para o desenvolvimento de políticas afirmativas, traçando um breve histórico de suas conquistas.

Atividade prática

Elabore uma síntese do capítulo, destacando os principais marcos legais para a implementação de políticas de ações afirmativas.

SUGESTÃO DE LEITURAS PARA APROFUNDAR O TEMA

MARÇAL, J. A. **A formação de intelectuais negros(as)**: políticas de ação afirmativas nas universidades brasileiras. Belo Horizonte: Nandyala, 2012.

O livro apresenta uma abordagem histórico-política, situando as relações raciais no Brasil e fazendo uma análise de políticas de ações afirmativas para negros em relação a questões como direito, embate político ideológico e também o ensino superior público brasileiro.

PAIXÃO, M. **500 anos de solidão**: estudo sobre desigualdades raciais no Brasil. Curitiba: Apris, 2013.

Os estudos do livro se inserem no movimento histórico e significativo que o Brasil tem vivido em termos de expansão dos direitos de cidadania para a população negra brasileira.

SISS, A.; MONTEIRO, A. J. de J. (Org.). **Negros, indígenas e a educação superior**. Rio de Janeiro: Quartet; Edur, 2010.

O livro apresenta questões sobre as ações afirmativas e o acesso de estudantes negros e indígenas ao ensino superior.

5

Legislação educacional brasileira

Neste capítulo, apresentaremos a legislação que instituiu a educação das relações étnico-raciais e a obrigatoriedade de ensino da história e da cultura afro-brasileira e indígena no ensino básico. Além disso, ressaltaremos o contexto histórico e os fundamentos sociológicos que motivaram essas mudanças curriculares e destacaremos o processo de implementação dessas políticas educacionais no espaço escolar brasileiro e os desafios enfrentados pelos educadores e suas escolas. Por fim, evidenciaremos a importância dos educadores no interior das comunidades escolares como atores sociais na efetivação de tais políticas.

Desde o início dos anos de 2000, grande esforço tem sido feito para efetivar uma educação escolar multicultural e pluriétnica, ou seja, mais representativa da composição étnica e racial da sociedade brasileira. Como veremos mais adiante, esse esforço tem os respaldos legais nas alterações instituídas na Lei de Diretrizes e Base da Educação Nacional (LDBEN) – Lei n. 9.394, de 20 de dezembro de 1996 (Brasil, 1996) – com base nas determinações estabelecidas pela Lei n. 10.639, de 9 de janeiro de 2003 (Brasil, 2003) e pela Lei n. 11.645, de 10 de março de 2008 (Brasil, 2008a). Entre outros documentos normativos que instruem a educação escolar multicultural, vale ressaltarmos também as Diretrizes Nacionais para a Educação Indígena, estabelecidas pelo Parecer n. 14, de 14 de setembro de 1999 (Brasil, 2015), e suas regulamentações, bem como outras resoluções e pareceres posteriores.

Como pressuposto, a efetivação de políticas educativas que valorizam a diversidade étnico-racial[1] requer condições materiais,

1 Neste texto, o conceito étnico-racial não diz respeito somente ao grupo social negro, mas também às diversas nações indígenas e a outros grupos discriminados presentes na sociedade brasileira.

sociais, culturais e afetivas favoráveis (Brasil, 2004c). Sabe-se que a situação de trabalho dos profissionais que atuam na educação básica brasileira é bastante degradante, mas em meio às dificuldades – e asseguradas condições mínimas para o trabalho –, cremos ser possível fazer algo socialmente consequente em favor do alunado no que diz respeito ao direito à educação de qualidade, gratuita e respeitosa das diferenças entre as pessoas. Nesse sentido, as Diretrizes Nacionais Curriculares que regulamentam a Lei n. 10.639/2003 sugerem que o reconhecimento e a valorização das pessoas participantes da comunidade escolar são fundamentais para o sucesso dessa nova concepção de educação.

Portanto, a legislação está colocando à disposição de educadores, escolas e sistemas de ensino a possibilidade histórica de mudança curricular e de práticas pedagógicas no sentido de tornar a escola mais digna a todas as pessoas, independentemente de origem, cor, sexo e condição social. Contudo, apesar da existência de uma legislação avançada, a experiência brasileira tem mostrado que as transformações na perspectiva da educação para a valorização da diversidade étnico-racial acontecem de forma bastante lenta e fragmentada.

Sendo o Brasil multicultural, as discussões realizadas em espaços supranacionais, como a III Conferência da ONU Contra o Racismo, realizada em Durban, em 2001, logo repercutiram no contexto brasileiro, pautando a agenda política nacional e o debate na sociedade civil. Como veremos, a máxima de que a conferência "não terminou" serve para o caso do Brasil. É nesse clima que o período pós-Durban se apresenta como um desafio para as pessoas que acreditam no caminho democrático e respeitoso da diversidade étnico-racial para a educação escolar brasileira.

Antes de abordarmos especificamente a legislação, como preâmbulo, vale mencionar, ainda que de forma abrangente, as bases sociológicas e filosóficas da discussão sobre a diversidade cultural. Tal reflexão, como se apresenta no interior das ciências sociais da atualidade, parece ter seus fundamentos no direito à identidade construída com base na diferença (ou diferenciação) como ato de resistência na contemporaneidade.

Breve contextualização: da identidade às identidades

Um dos assuntos que nos últimos anos têm gerado grandes debates no âmbito político, bem como se constituído como objeto de estudo para as ciências sociais, é o tema da emergência das identidades no mundo contemporâneo. Desde a década de 1990, filósofos e cientistas sociais se debruçam sobre a emergência de fenômenos identitários em vários contextos socioculturais ao redor do mundo. Seja no âmbito das lutas étnicas e religiosas nos países africanos, seja nos embates dos movimentos separatistas e religiosos na Europa e na Ásia, seja nos movimentos étnico-raciais dos EUA, a emergência de identidades particulares tem sido uma constatação e um desafio para governos e também para fóruns supranacionais como a Organização das Nações Unidas (ONU).

A motivação para o fenômeno social de emergência das identidades foi o processo de globalização econômica, já que enfraqueceu os estados nacionais tanto na capacidade de gerenciamento da sua economia quanto de manutenção da coesão social no interior de suas fronteiras. A globalização, como conhecemos e vivenciamos atualmente, teve como carro-chefe a mundialização econômica. Contudo, o fenômeno se desenvolveu e se intensificou com a tecnologia aplicada aos meios de transporte (pessoas e mercadorias) e à comunicação (informações e dados). Assim, podemos dizer que promoveu uma verdadeira revolução na "autocompreensão" do espaço e do tempo das pessoas e deu nova configuração ao mundo em termos políticos, sociais e culturais.

O impulso do capitalismo, sob uma perspectiva política neoliberal, nas últimas décadas do século XX, produziu o fenômeno da "globalização da economia". Por sua rapidez e densidade, esse evento suscitou a preocupação de estudiosos[2] e governantes com relação ao futuro dos estados nacionais, do Estado de bem-estar social e da democracia como regime político.

A globalização afetou os estados nacionais, entre outros aspectos, em relação à "identidade coletiva" e, consequentemente, à "legitimidade democrática" (Habermas, 2001), seja pela difusão de uma cultura de massas, seja pela emergência de subcultura. Já nos anos de 1990, o referido autor identificou que mesmo as nações europeias que não foram coloniais estavam a "caminho

2 Ver, por exemplo, o livro: Habermas, J. **A constelação pós-nacional**: ensaios políticos. São Paulo: Littera Mundi, 2001.

da sociedade multicultural". A "coletividade nacional" perpassada por aspectos característicos da globalização (imigração, cultura de massas, trocas culturais, informações etc.) havia sido transformada por uma "cidadania multicultural" e convertida em uma "segunda natureza" (Habermas, 2001, p. 93-94). Essa constatação feita para os estados nacionais europeus pode ser estendida para aqueles surgidos das antigas colônias, como os países do continente americano. Essas nações, desde a origem, são multiculturais.

Dessa forma, a globalização pode ser considerada em dois aspectos: por um lado, no sentido de ameaçar a destruição da cultura nacional ou levar ao fechamento em culturas particulares ou subculturas (diferenciação), ou seja, produzir a fragmentação da sociedade nacional; e, por outro, no sentido de colocar em xeque as "coletividades nacionais homogêneas" constituídas artificialmente por meio da subalternização e da expropriação identitária de segmento da população nacional. Daí surgiram as opressões étnicas, raciais, sexuais, de gênero e de idade. No Brasil, por exemplo, a identidade nacional foi construída com base na negação da identidade africana e indígena.

Não se pode desconsiderar o papel de organismos supranacionais, como a ONU[3], na discussão sobre o impacto da globalização na vida social no interior das sociedades nacionais. A realização de eventos temáticos – como a III Conferência da ONU sobre Racismo, Discriminação Racial, Xenofobia e Intolerância Correlata, ocorrida na cidade de Durban, África

3 Além da III Conferência contra o Racismo, vale destacar que o "Relatório de Desenvolvimento Humano 2004" da ONU recomenda aos estados signatários políticas de reconhecimento da diferença cultural (cf. Feres Júnior; Zoninsein, 2006).

do Sul, em 2001 – constitui bom exemplo da ação nesse sentido. Como observou Habermas (2001, p. 141), as conferências da ONU, dentro de uma perspectiva de "política interna mundial", podem "ao menos forçar a colocação em pauta de temas que exigem regulamentação e que sem tais encenações públicas não seriam percebidos nem postos nas agendas políticas". Atualmente, os reflexos políticos e culturais negociados em fórum, como a III Conferência contra o Racismo, têm repercutido na efetivação de políticas específicas para negros e indígenas no Brasil.

Como podemos perceber, a luta pelo reconhecimento público de identidades particulares ou culturais constitui, em última análise, um questionamento à identidade nacional homogeneizada. O fortalecimento das identidades na modernidade tardia pressupõe uma ruptura com a ideia de um povo nacional homogêneo (mesma língua e cultura).

O que é identidade sociocultural? A noção de *identidade*, como o termo é discutido neste texto, pode ser compreendida como processos dinâmicos, portanto nunca acabados, de subjetivação, constituição de si como pessoa, e como formas de identificação dos sujeitos (pessoas) com suas referências socioculturais coletivas. Esse processo significa um modo de ser coletivo e se constrói com base nas interações sociais e culturais, conforme nos informam as contribuições teóricas vindas da psicologia social e da antropologia social. Assim, a identidade articula dialeticamente com a noção de *igualdade* e a de *diferença*.

A relação entre identidade e igualdade pode ser percebida sob vários pontos de vistas. Em primeiro lugar, a construção da identidade dos sujeitos pressupõe um processo de práticas e modos de viver e agir coletivos; assim, compreende-se como a busca pelo igual se apresenta em oposição ao individualismo e exige uma identificação das pessoas com uma coletividade humana. Em segundo, a construção da identidade visando ao estabelecimento da igualdade pode levar a um processo de opressão de grupos e pessoas não dominantes em uma coletividade mais ampla, como ocorreu no Brasil. Nesse processo histórico, o segmento branco hegemônico acabou por estabelecer o "lugar social", bem como a contribuição dos segmentos não brancos para a estrutura social e civilizatória brasileira. Em terceiro lugar, a igualdade pode ser concebida com base no pressuposto de uma identidade de ordem formal, como é o caso da igualdade formal fundada na humanidade de todas as pessoas.

Esses aspectos de manipulação da igualdade em relação à construção da identidade podem anular as diferenças culturais, seja pelo fechamento (particularismo), seja pela abertura (abstração). A construção das identidades, fundamentadas nos estudos pós-coloniais, não é entendida sob uma perspectiva essencialista, mas circunstancial. As identidades são históricas, elaboradas no contexto das interações socioculturais, ou seja, resultam de contextos socioculturais específicos. Disso resulta a noção da diferença na construção afirmativa das identidades.

A relação entre identidade e diferença tem como pressuposto uma dimensão interna e outra externa no processo identitário; ou seja, a identificação se estabelece pela adesão interna a iguais e, ao mesmo tempo, pela diferenciação com o externo. Assim, tanto a dimensão interna quanto a externa são importantes para a afirmação das identidades.

A diferença (ou diferenciação) – em várias situações usada para discriminar, inferiorizar e excluir – pode também ser ressignificada e reivindicada como resistência e ato de luta social. Em muitos casos, essa diferença que afirma a identidade pode se manifestar no próprio corpo (cor da pele, formas corporais, textura do cabelo, sotaque etc.) (Quijano, 2010; Costa, 2009). Assim, o corpo pode se constituir em uma última fronteira de resistência cultural, pois, como ressalta Costa (2009, p. 60), "não existe, nos sistemas de representação, uma posição neutra para o corpo, o corpo é sempre um signo ao qual se atribui significado".

Por fim, cabe ressaltarmos que a diferença e, consequentemente, as identidades afirmadas pressupõem a democracia, não na perspectiva formal, mas na substantiva. Paradoxalmente, o processo de explicitação das diferenças pressupõe sua eliminação, pois as diferenças são evidenciadas como forma de luta por direitos e pela igualdade substantiva. Nesse sentido, os regimes democráticos e a democratização social se constituem como garantia do direito ao reconhecimento público da diferença e das identidades particulares, bem como fundamento do acesso equânime aos bens sociais e econômicos reivindicados por esses coletivos – veja o exemplo dos negros, dos indígenas, das mulheres, dos homossexuais, das pessoas com deficiências, entre outros.

Assim, a afirmação identitária da diferença pode objetivar a igualdade (Porto, 2009) e o processo de democratização social pode estar pressuposto tanto na reivindicação pública das identidades particulares quanto na afirmação e estabilização igualitária da sociedade.

Limites e possibilidades de abordagem da história da África, dos afro-brasileiros e dos indígenas em sala de aula

Como já observamos, as políticas de caráter afirmativo se tornaram significativas na educação escolar. Foi nesse contexto que se promulgaram a Lei n. 10.639/2003 e, posteriormente, a Lei n. 11.649/2008, alterando a LDBEN (Lei n. 9.394/1996) com a instituição do art. 26-A, que obriga, nos estabelecimentos ensinos públicos e privados, o estudo da história e cultura africana e afro-brasileira na educação básica.

Com relação a essa obrigatoriedade, podemos encontrar pontos muito semelhantes no plano de ação resultante da III Conferência da ONU. No item 10 desse documento, os estados signatários, incluindo o Brasil, foram encorajados a "promoverem a plena e exata inclusão da história e da contribuição dos africanos e afrodescendentes no currículo educacional" (Conferência..., 2007).

A recomendação foi regulamentada na LDBEN (Brasil, 1996):

> Art. 26-A. Nos estabelecimentos de ensino fundamental e de ensino médio, públicos e privados, torna-se obrigatório o estudo da história e cultura afro-brasileira e indígena.
>
> § 1º O conteúdo programático a que se refere este artigo incluirá diversos aspectos da história e da cultura que caracterizam a formação da população brasileira, a partir desses dois grupos étnicos, tais como o estudo da história da África e dos africanos, a luta dos negros e dos povos indígenas no Brasil, a cultura negra e indígena brasileira e o negro e o índio na formação da sociedade nacional, resgatando as suas contribuições nas áreas social, econômica e política, pertinentes à história do Brasil. (Redação dada pela Lei n. 11.645, de 2008)
>
> § 2º Os conteúdos referentes à história e cultura afro-brasileira e dos povos indígenas brasileiros serão ministrados no âmbito de todo o currículo escolar, em especial nas áreas de educação artística e de literatura e história brasileiras. (Redação dada pela Lei n. 11.645, de 2008)
>
> [...]
>
> Art. 79-B. O calendário escolar incluirá o dia 20 de novembro como Dia Nacional da Consciência Negra. (Incluído pela Lei n. 10.639, de 9.1.2003)

A Lei n. 10.639/2003 foi ainda referendada pela Resolução do Conselho Pleno do Conselho Nacional de Educação (CNE/CP) n. 1, de 17 de junho de 2004 (Brasil, 2004b). Cabe ressaltarmos que o Parecer CNE n. 3, de 19 de maio de 2004 (Brasil, 2004c), que fundamentou a referida resolução e instituiu as Diretrizes Curriculares Nacionais para a Educação das Relações Étnico-Raciais e para o Ensino de História e Cultura Afro-Brasileira e Africana, representa importante documento normativo e orientador para práticas e abordagens da história e cultura afro-brasileira, bem como oferece encaminhamentos para a abordagem das histórias e culturas indígenas.

Além dos documentos citados, o Ministério da Educação publicou, em 2009, o Plano Nacional de Implementação das Diretrizes Curriculares Nacionais para Educação das Relações Étnico-Raciais e para o Ensino de História e Cultura Afro-Brasileira e Africana (Brasil, 2009), no qual estão detalhadas as atribuições que as várias instâncias e instituições que compõem os sistemas de ensino têm no que se refere à implementação da educação multicultural no Brasil.

As mudanças de ordem legal e política no campo educacional foram acompanhadas por um movimento mais profundo que atinge a própria concepção de educação ao longo do século XX. Elas foram mapeadas com base nos deslocamentos conceituais ocorridos no campo das pesquisas sobre currículo.

A palavra *currículo* vem do latim e significa "pista de corrida", ou seja, é um caminho a ser percorrido. Essa origem da palavra nos impõe duas questões importantes para a discussão que estamos empreendendo sobre educação multicultural. A primeira é que o caminho percorrido é resultado de uma seleção e de escolhas no universo mais amplo de conhecimento e saberes; ele representa um recorte e não o conteúdo geral do conhecimento produzido pela humanidade. A segunda questão é que essa seleção de conteúdo acaba por "formar" subjetivamente as pessoas que percorrem o caminho (Silva, 2011). É nesse sentido que as teorias do currículo podem produzir reflexões sobre o currículo e as práticas escolares, pois estes não são neutros e suas determinações se configuram historicamente com base em relações sociais de poder.

A escolha do "que" (conteúdo) e de "como" ensinar (os métodos e as práticas) é determinada pela visão de mundo do grupo social dominante em uma sociedade. Contudo, ela pode ser questionada e contestada por outros grupos sociais que convivem na mesma sociedade. Se um dos objetivos da educação escolar é a formação das pessoas para que vivam plenamente o seu tempo histórico, não seria diferente que as teorias sobre o currículo e a pedagogia acompanhassem as mudanças exigidas ao longo do tempo.

Intensas transformações sociais e políticas acontecidas no século XX alteraram as teorias curriculares e pedagógicas em termos da concepção de educação escolar. Silva (2011) apresenta um mapeamento das alterações ocorridas na concepção de educação com base em mudanças conceituais (palavras-chave) nos grupos das teorias do currículo e práticas pedagógicas. Como podemos ver no Quadro 5.1, um movimento pode ser compreendido pelos principais conceitos desenvolvidos por diversas teorias do currículo (tradicionais, críticas e pós-críticas).

Quadro 5.1 – Principais conceitos das teorias do currículo

Teorias tradicionais	Teorias críticas	Teorias pós-críticas
Ensino	Ideologia	Identidade, alteridade, diferença
Aprendizagem	Reprodução cultural e social	Subjetividade
Avaliação	Poder	Significação e discurso
Metodologia	Classe social	Saber-poder
Didática	Capitalismo	Representação

(continua)

(Quadro 5.1 – conclusão)

Teorias tradicionais	Teorias críticas	Teorias pós-críticas
Organização	Relações sociais de produção	Cultura
Planejamento	Conscientização	Gênero, raça, etnia, sexualidade
Eficiência	Emancipação e libertação	Multiculturalismo
Objetivos	Currículo oculto	
	Resistência	

Fonte: Silva, 2011, p. 17.

Como argumenta Silva (2011, p. 17), os "conceitos de uma teoria dirigem nossa atenção para certas coisas que sem eles não 'veríamos'. Assim, os conceitos de uma teoria organizam e estruturam nossa forma de ver a 'realidade'". Ao longo do século XX, as teorias do currículo e da pedagogia apresentaram três deslocamentos. Nas teorias tradicionais, a ênfase estava no processo "ensino e aprendizagem". A partir dos anos de 1960, houve um deslocamento conceitual e as implicações do social (renda, escolaridade dos pais, local de moradia, alimentação etc.) passaram a ser consideradas no processo de escolarização. A partir do início da década de 1990, percebeu-se o deslocamento para teorias curriculares que passaram a considerar também as implicações da cultura e do simbólico (estigmatização, preconceitos e discriminação racial, etnocentrismo no currículo escolar etc.) na escolarização.

Essas definições e datações devem ser consideradas somente em termos da ênfase, pois a predominância de conceitos em determinada perspectiva teórica não significa o abandono de concepções teóricas que valorizam conceitos presentes em outras perspectivas teóricas. Por exemplo: o fato de existir a perspectiva pós-crítica, em que as teorias do currículo e da pedagogia dão ênfase à cultura e à dimensão simbólica no processo educativo, não implica que as teorias e concepções deixaram de levar em conta a importância dos aspectos sociais enfatizados na perspectiva crítica. Muito menos que a existência das perspectivas crítica e pós-crítica pressupõe a inexistência de teorias e concepções tradicionais para a educação.

Portanto, a compreensão de temáticas como multiculturalismo, diversidade, diferença e identidade no campo educacional atualmente necessita que entendamos os motivos históricos e teóricos dos deslocamentos da ênfase em questões mais técnicas no processo de ensino-aprendizagem para questões sociais, bem como para a ênfase em questões culturais e simbólicas.

Considerando a perspectiva pós-crítica, esta pode nos ajudar a compreender que a realidade educacional brasileira, por exemplo, ainda é marcada por uma visão de mundo "colonializada". Isso significa que os currículos e as práticas escolares em um país como o Brasil continuam fundados em uma concepção eurocêntrica, negando-se, assim, toda a diversidade étnico-racial e cultural, bem como desconsiderando a capacidade de realização e as contribuições de grupos sociais (negros e indígenas) na construção nacional. Uma educação que ainda se estrutura dessa forma pode ser considerada conservadora, pois pretende a manutenção de uma realidade ultrapassada: desde a divisão ideológica do trabalho (trabalho manual *versus* trabalho intelectual) até a "representação social" das pessoas na sociedade (manutenção de preconceitos e discriminação com base em diferenças étnico-raciais, de gênero e de classe).

Isso equivale a dizer que o currículo e a educação escolar brasileira podem estar culturalmente marcados por um "imaginário colonial" e constituem-se como a expressão de uma visão de mundo dominante – no caso, eurocêntrica, elitista e masculina –, tanto no conhecimento difundido quanto nas práticas escolares vivenciadas.

A discussão que desenvolvemos até aqui contribui para visualizar as possibilidades e os limites de uma educação multicultural no Brasil. Se, de um lado, ela tem sido instituída em termos de legislação, de outro, podem existir travas culturais reais para sua efetivação.

Uma pesquisa nacional sobre as práticas pedagógicas de trabalho com relações étnico-raciais na escola na perspectiva da Lei n. 10.639/2003 (Gomes; Jesus, 2013) aponta dificuldades que podem nos ajudar a dimensionar alguns limites existentes nesse processo. Esse estudo foi realizado em dois momentos: no primeiro, um banco de dados nacionais foi utilizado como fonte secundária para a identificação e a seleção de escolas que desenvolviam atividades com foco na implementação da Lei n. 10.639/2003; no segundo, os autores do estudo trabalharam com dados coletados em uma pesquisa de campo, com base em visitas às escolas, em entrevistas com gestores, educadores e alunos, realizadas em escolas localizadas em diferentes estados das cinco regiões do Brasil (Norte, Nordeste, Centro-Oeste, Sudeste e Sul).

Discutindo e problematizando o estudo, Gomes e Jesus (2013, p. 30-31) relacionam algumas informações reveladas pelo trabalho de campo com as 36 escolas selecionadas e visitadas. Entre outras, estão que:

- A legislação deu legitimidade ao trabalho que já vinha sendo feito em relação à educação das relações étnico-raciais.
- Nas escolas geridas por processos mais democráticos, as práticas de educação das relações étnico-raciais revelaram-se mais envolventes, enraizadas e sustentáveis.
- Em várias escolas em que havia projetos desenvolvidos por coletivos de profissionais, também havia docentes que desconheciam a história, a legislação, suas diretrizes e também resistências.
- Escolas em que o "mito da democracia racial" operava como imaginário social e pedagógico sobre a diversidade apresentavam práticas mais individualizadas e pouco investimento em projetos e formação continuada.
- A sustentabilidade das práticas pedagógicas que respeitam e valorizam a diversidade está relacionada a características mais gerais, tais como a gestão escolar e do corpo docente, processos de formação continuada na temática e inserção da temática no projeto político-pedagógico (PPP).
- O desinteresse pelas questões étnico-raciais, notado em algumas escolas, está associado ao modo como os profissionais lidam com questões mais gerais de ordem política e pedagógicas: autoritarismo, descomprometimento profissional e visão política conservadora.
- O conhecimento dos docentes ainda é superficial, cheio de estereótipos e confuso.
- As datas comemorativas, como o Dia Nacional da Consciência Negra (20 de novembro), ainda são os recursos utilizados para a realização de projetos interdisciplinares e trabalhos coletivos sobre a educação das relações étnico-raciais.

- A ação indutora das secretarias de Educação revela-se um componente importante para a construção de práticas pedagógicas condizentes com a legislação e suas diretrizes.
- Algumas práticas mostraram-se pautadas por visões dogmáticas de viés religioso, demonstrando a presença da intolerância religiosa.

Assim, essa pesquisa ajudou a dimensionar qualitativamente, com base nas práticas pedagógicas pesquisadas, os limites e as possibilidades de concretização dos arts. 26-A e 79-B da LDBEN no espaço escolar. Os resultados que acabamos de citar permitem deduzir que o processo de efetivação da legislação e suas diretrizes segue lento e depende de fatores como o investimento dos sistemas de ensino para proporcionar condições necessárias e possibilitar a formação continuada de professores, a democratização da gestão e práticas escolares e, fundamentalmente, a mudança na postura e concepções de educadores.

Em outras palavras, além de outros aspectos, podemos destacar o importante papel social que os educadores têm no desenvolvimento e efetivação de práticas pedagógicas que visem à educação para as relações étnico-raciais e ao ensino da história e cultura afro-brasileira e indígena, como pressupõe a legislação educacional brasileira atual.

Uma vez apresentado esse panorama histórico-conceitual, buscaremos apontar no próximo capítulo alguns caminhos práticos e possíveis para a concretização da educação das relações étnico-raciais e da história e cultura afro-brasileira e indígena no espaço escolar.

Síntese

Neste capítulo, vimos como a legislação educacional brasileira que implementou na educação escolar o ensino de história e cultura afro-brasileira e indígena – arts. 26-A e 79-B da Lei de Diretrizes e Base da Educação Nacional (LDBEN) – Lei n. 9.394, de 20 de dezembro de 1996 (Brasil, 1996) – tem relação com um contexto histórico e sociológico mais abrangente. Em termos gerais, essas políticas curriculares expressam o reconhecimento do direito à diferença e o resultado de debates em fóruns supranacionais representam a continuidade das transformações ocorridas desde meados do século XX que, com o advento da globalização econômica, intensificaram a luta de diversos grupos sociais subalternizados pelo direito à afirmação identitária e à participação efetiva nos bens produzidos pelas sociedades na contemporaneidade.

Vimos também que a legislação educacional brasileira que normatiza a educação multicultural é bastante avançada, mas que existem também dificuldades para sua efetivação. Dentre as possibilidades apresentadas, o foco na formação dos educadores parece ser importante. Em última análise, esses profissionais são os que podem assumir um compromisso ético-político com seu alunado e adotar posturas que levem em conta questões sociais, culturais e simbólicas implicadas no processo de ensino-aprendizagem.

Atividades de autoavaliação

1. As principais leis que instituíram os arts. 26-A e 79-B na Lei de Diretrizes e Base da Educação Nacional (LDBEN) – Lei n. 9.394, de 20 de dezembro de 1996 (Brasil, 1996) –, cujo

conteúdo refere-se à obrigatoriedade da educação das relações étnico-raciais e do ensino da história e cultura afro-brasileira e indígena na educação básica no Brasil, são:

a) a Lei n. 12.288/2010 e a Lei n. 12.711/2012.
b) a Lei n. 12.711/2012 e a Lei n. 10.639/2004.
c) a Lei n. 10.639/2004 e a Lei n. 11.645/2008.
d) a Lei n. 11.645/2008 e a Lei n. 12.288/2010.

2. De acordo com o que foi visto neste capítulo, a construção das identidades socioculturais se estabelece por meio da relação dialética entre:
   a) o conflito e a diferença.
   b) a democracia e a igualdade.
   c) a democracia e a diferença.
   d) a igualdade e a diferença.

3. As perspectivas teóricas do currículo e as práticas educativas (tradicional, crítica e pós-crítica) apresentadas no texto se caracterizam respectivamente por:
   a) levar em conta o processo ensino-aprendizagem, as dimensões cultural-simbólicas e as implicações sociais na escolarização.
   b) levar em conta o processo ensino-aprendizagem, as implicações sociais e as dimensões cultural-simbólicas na escolarização.
   c) levar em conta as dimensões cultural-simbólicas, o processo ensino-aprendizagem e as implicações sociais na escolarização.
   d) levar em conta as implicações sociais, as dimensões cultural-simbólicas e o processo de ensino-aprendizagem na escolarização.

4. "A diferença (ou diferenciação) – em várias situações usada para discriminar, inferiorizar e excluir – pode também ser ressignificada e reivindicada como resistência e ato de luta social. Em muitos casos, essa diferença que afirma a identidade pode se manifestar no próprio corpo (cor da pele, formas corporais, textura do cabelo, sotaque etc.)". Com base no trecho extraído deste capítulo, pode-se afirmar que:
   I) O corpo pode se constituir em uma última fronteira de resistência cultural.
   II) O corpo se destaca como fronteira de resistência pontual e individualizada.
   III) O corpo se destaca com sua marca no sistema de representação social.

   Assinale a alternativa correta:

   a) Somente as afirmações I e II estão corretas.
   b) Somente as afirmações II e III estão corretas.
   c) Somente as afirmações I e III estão corretas.
   d) Todas as afirmações estão corretas.

5. Como apresentada neste capítulo, uma pesquisa realizada nacionalmente apontou que, entre os desafios para a concretização dos arts. 26-A e 79-B da Lei n. 9.394/1996) – no espaço escolar, estão:
   I) Nas escolas geridas por processos mais democráticos, as práticas de educação das relações étnico-raciais revelaram-se mais envolventes, enraizadas e sustentáveis.
   II) Escolas em que o "mito da democracia racial" operava como imaginário social e pedagógico sobre a diversidade

apresentavam práticas mais individualizadas e poucos investimentos em projetos e na formação continuada.

III) O desinteresse pelas questões étnico-raciais, notado em algumas escolas, está associado ao modo como os profissionais lidam com questões mais gerais de ordem política e pedagógica: autoritarismo, descomprometimento profissional e visão política conservadora.

Essas constatações podem evidenciar:

a) um problema de estrutura dos sistemas de ensino.
b) um problema cultural que envolve concepção de vida.
c) um problema de formação continuada dos educadores.
d) um problema social resultante dos baixos salários.

Atividades de aprendizagem

Questões para reflexão

1. Jürgen Habermas (2001, p. 93) afirmou, nos anos de 1990, que as "nações europeias" encontravam-se "a caminho da sociedade multicultural". O que o autor quis dizer com isso?

2. Quais são as implicações desse fenômeno social para os países que foram colonizados como o Brasil?

Atividade aplicada

Sugerimos um estudo sobre a composição cultural da população brasileira com base em *sites* na internet ou em outras fontes e que leve em conta a seguinte questão: Que povos colonizaram o Brasil? Como eles chegaram, quando e em qual quantidade?

Indicamos também um estudo com os alunos que compõem sua sala de aula. Nesse caso, você pode aplicar um questionário com os seguintes itens, entre outros: cor/raça (segundo o IBGE); origem étnico-racial dos pais; história familiar. Transforme as informações em dados estatísticos e apresente para a turma.

SUGESTÃO DE LEITURAS PARA APROFUNDAR O TEMA

CAVALCANTI, J. S. B.; WEBER, S.; DWYER, T. (Org.). **Desigualdade, diferença e reconhecimento.** Porto Alegre: Tomo Editorial, 2009.

O livro apresenta a contribuição de vários cientistas sociais sobre o tema do reconhecimento da diferença na contemporaneidade.

GONÇALVES, L. A. O.; SILVA, P. B. G. e. **O jogo das diferenças**: o multiculturalismo e seus contextos. 4. ed. Belo Horizonte: Autêntica, 2006.

O livro aborda em uma perspectiva histórica o direito à diferença e discute os diversos significados do conceito de *multiculturalismo.*

OLIVEIRA, E. **Cosmovisão africana no Brasil**: elementos para uma filosofia afrodescendente. 2. ed. Curitiba: Gráfica Popular, 2006.

O livro apresenta elementos da cosmovisão africana na cultura brasileira. Para tanto, o autor busca fazer uma ponte cultural com a África negra.

6

Uso de fontes para o ensino da educação étnico-racial

Neste capítulo, apresentaremos sugestões de fontes para o acesso a materiais pedagógicos que ajudam no desenvolvimento de conteúdos escolares sobre a educação das relações étnico-raciais, bem como de pesquisas avaliativas desses materiais produzidas no interior de universidades. Destacaremos a importância e a centralidade do trabalho científico realizado por educadores, alunos e escolas na utilização crítica desses materiais e das informações contidas neles.

Mostraremos que as fontes mais importantes são o próprio cotidiano e a experiência vivida dos alunos e das comunidades. Apontaremos que o trabalho de pesquisa e produção de conhecimento envolve diálogos e articulações que extrapolam os limites da sala de aula e da escola.

No tocante a fontes, pode-se afirmar que a produção de material didático que contempla as determinações da legislação educacional em termos da diversidade étnico-racial cresceu muito nos últimos anos. Não é difícil encontrar livros didáticos, paradidáticos e literatura infanto-juvenil adequados à legislação. Também é possível identificar uma produção de material audiovisual disponível na internet sobre a temática (ao final do texto, apresentamos alguns *sites* e livros que podem servir de fontes para a abordagem do assunto). Paralelamente a essa produção, um importante trabalho de estudo e avaliação tem sido feito por equipe de pesquisadores e pesquisadoras ligados a programas de pós-graduação em Educação, aos Núcleos de Estudos Afro-Brasileiros (NEABs) e aos Núcleos de Estudos Indígenas de várias universidades brasileiras.

Dessa forma, além de uma quantidade expressiva de recursos didáticos à disposição, os educadores contam também com resultados de pesquisas que avaliam os materiais quanto à qualidade e sugerem metodologias para o trabalho com a temática da diversidade étnico-racial. Contudo, em última análise, a avaliação e a forma de utilização dos recursos didáticos ainda dependem muito do trabalho dos educadores. Juntamente com as escolas, eles continuam sendo os responsáveis pelo desenvolvimento dos processos e práticas educativas. Talvez seja por esse motivo que um importante eixo da política de implementação da educação das relações étnico-raciais e da história e cultura afro-brasileira e indígena seja a formação inicial e continuada deles. Neste ponto, precisamos ressaltar a postura dos profissionais da educação e de suas escolas diante dos materiais didáticos e práticas educativas como elementos fundamentais para o sucesso das políticas educativas de valorização da diversidade étnico-racial.

Essas políticas requerem dos educadores e comunidades escolares uma visão e uma concepção democráticas da escolarização (crítica e pós-crítica). Ao afirmarmos isso, não estamos omitindo a responsabilidade dos sistemas de ensino, cuja tarefa é criar as condições necessárias para uma educação de qualidade, bem como um clima favorável para o desenvolvimento de uma educação que reconheça e valorize a diversidade étnico-racial brasileira. Colocamos foco nos educadores e em suas escolas porque, dispondo de uma concepção democrática de educação, esses atores sociais têm condições de corrigir posturas, denunciar injustiças e cobrar posicionamento (Silva, 2010).

Nesse sentido, como sugere o texto das Diretrizes Curriculares Nacionais (2004a) para essa temática, as escolas e os educadores precisam se empenhar na tarefa de "desfazer mentalidade racista e discriminadora secular, superando o etnocentrismo europeu, reestruturando relações étnico-raciais e sociais, desalienando processos pedagógicos" (Brasil, 2004a, p. 15). Isso significa a superação da perspectiva tradicional de educação, pois requer compreensão de que fatores sociais, culturais e simbólicos têm implicações relevantes no sucesso ou no fracasso escolar de estudantes em determinadas sociedades. Sem essa compreensão e atitude, uma educação voltada para a valorização e o respeito à diversidade étnico-racial parece não justificada.

Sendo assim, o fator mais determinante para uma educação multicultural não é a quantidade nem a qualidade dos materiais didáticos disponíveis. mas, sim, uma postura democrática e científica dos educadores e de suas escolas no trato crítico e rigoroso dos materiais didáticos e das informações contidas neles. Educadores e suas escolas precisam ter a consciência de que nenhuma pessoa ou instituição tem o domínio total do conhecimento e dos métodos de ensino.

A postura democrática permite a abertura ao "diálogo" com o diferente (Silva, 2010; Freire, 1978), abertura para a aprendizagem de valores culturais, costumes e realizações de outros grupos sociais. O texto das Diretrizes Curriculares Nacionais (2004a) sugere esse princípio dialógico quando recomenda a "articulação" entre as práticas escolares, as políticas públicas e os movimentos sociais (Brasil, 2004a, p. 13) ou quando recomenda que o "diálogo" com estudiosos e grupos do movimento negro e indígena é imprescindível "para que se vençam discrepâncias entre o que se sabe e a realidade [...]" (Brasil, 2004a, p. 15).

Assim, as atividades de educadores em prol de uma educação multicultural que promova a diversidade étnico-racial na relação com seus alunos podem ser entendidas, em última análise, como um processo educativo de aprendizagem coletiva para toda a comunidade escolar, podendo ser apoiadas por movimentos sociais (negros e indígenas) e por pesquisadores da temática, bem como por núcleos de estudos das relações étnico-raciais presentes em várias universidades brasileiras.

A África e a cultura afro-brasileira com base no cotidiano do aluno

O conteúdo para o trabalho dos educadores está na vida e no estudo, ou seja, no envolvimento com os problemas reais da vida e no exame crítico deles sempre com o propósito de tornar a existência mais "humana, justa e democrática" (Silva, 2010, p. 74). Considerando esse propósito, é possível compreender que o conteúdo da educação das relações étnico-raciais e da história e cultura afro-brasileira e indígena se situa no cotidiano escolar e social. Isso significa que os assuntos e conteúdos trabalhados podem ser extraídos da experiência vivida de educandos e educadores, da comunidade negra e das comunidades indígenas, para serem aprofundados cientificamente na sala de aula e na escola.

Silva (2002) sugeriu, entre outras estratégias, que se tomem o próprio currículo, as práticas escolares e sociais como "ponto de partida". Para esse autor,

> são os materiais e significados existentes, são as próprias experiências presentes dos/as estudantes que podem servir de base para a discussão e a produção de um novo conhecimento. Aqui, os materiais existentes, claramente enviesados e interessados, deveriam constituir a matéria-prima a partir da qual os significados, as visões e as representações dominantes pudessem ser contestados, desafiados e resistidos. (Silva, 2002, p. 69)

Para exemplificar a proposição de usar o currículo e as práticas escolares, bem com as situações sociais da atualidade como matéria-prima, Silva (2002) lembra as "datas comemorativas" como eventos passíveis de subversão e desestabilização dos significados e representações oficiais, bem como os temas sociais importantes da atualidade.

A nosso ver, o que esse autor propõe é que os eventos (datas comemorativas, conteúdos disciplinares enviesados, situações de discriminações e de preconceitos vivenciadas no espaço escolar ou na sociedade etc.) sirvam como uma espécie de "novelo de barbante" para os educadores e suas escolas desenrolarem criticamente. Dessa forma, tais eventos passam a ser um pretexto para se revelarem os significados historicamente construídos e as relações de poder estabelecidas, pois "os significados e as representações dominantes só poderão ser subvertidos e contestados se tivermos uma concepção histórica e social sobre a forma como eles são produzidos" (Silva, 2002, p. 71).

Assim, eventos cotidianos podem servir de pretexto para se produzir conhecimento e aprendizado coletivos acerca dos vários grupos sociais que compõem a população brasileira, em especial, os negros e os indígenas. Por exemplo: ao tomarmos o Dia Nacional da Consciência Negra ou o Dia do Índio como objeto de pesquisa e estudo para a compreensão da história da institucionalização dessas datas comemorativas, ressaltando o seu significado e suas motivações sociais e políticas e considerando que o estabelecimento dessas razões foi incentivado por questões sociais injustas, denunciadas por movimentos sociais, poderíamos pesquisar e estudar a história do movimento social negro e indígena no Brasil, as organizações locais e nacionais, as principais lideranças, manifestações, lutas etc., podendo ainda aprofundar nosso conhecimento sobre o surgimento e desenvolvimento da ideologia do racismo, do preconceito, da discriminação racial no Brasil e no mundo, da escravização de negros e outros povos como um fenômeno de dominação política e econômica etc.

Dessa mesma forma, poderíamos pesquisar e estudar também a história dos grupos sociais, negro e indígena, na história do Brasil. Isso inclui o tratamento atribuído aos negros, indígenas e imigrantes europeus pelo Estado brasileiro, os dados sobre a participação deles na composição populacional brasileira, bem como a distribuição espacial (dados demográficos) no território e a condição socioeconômica. Podemos também pesquisar e estudar ainda as contribuições desses grupos sociais para o patrimônio cultural brasileiro em termos de linguagem, costumes, artes, organização social, economia e tecnologia (Munanga, 2005). Uma abordagem científica dessa temática pode ser uma boa oportunidade para os estudantes conhecerem o universo cultural, social, político e econômico dos afro-brasileiros e dos diversos povos indígenas presentes no Brasil.

Como se vê, pesquisas e estudos podem ser desenvolvidos contemplando a temática da diversidade étnico-racial com base em projetos multidisciplinares, conteúdos das disciplinas ou das áreas de conhecimentos. Conforme ressaltamos na seção anterior, as fontes para o aprofundamento na temática podem ser encontradas de diversas formas: internet, livros didáticos, paradidáticos e literários, bem como filmes-documentário. Contudo, essas fontes secundárias não substituem a convivência e o intercâmbio com as comunidades negras e indígenas. Daí pode-se decorrer um aprendizado oriundo da experiência vivenciada dos costumes, do modo de vida, da cultura, dos desafios socioeconômicos, das resoluções de problemas etc. É fundamental, nesse sentido, estabelecer contato com as organizações e as lideranças locais e nacionais dos movimentos sociais, bem como com pesquisadores das relações étnico-raciais ligados às universidades, entre outros.

Síntese

Neste capítulo, procuramos discutir as possíveis fontes e formas de abordagem da temática étnico-racial na educação escolar. Procuramos não apontar um encaminhamento metodológico como receituário, mas sugerir formas de desenvolvimento de conteúdos abertas e adaptáveis a realidade e recursos dos educadores. Daí a importância atribuída ao trabalho científico dos educadores e suas escolas, sem menosprezar a responsabilidade dos sistemas de ensino.

A despeito da intensa produção de materiais pedagógicos, destacamos que o conteúdo real e seus significados podem ser encontrados na experiência vivida das comunidades negra e indígena. Esse trabalho de aproximação, interpretação e produção de significado da experiência vivida das comunidades requer diálogo e articulação com pesquisadores e núcleos de estudos especializados, com lideranças e pessoas das comunidades.

Atividades de autoavaliação

1. Uma educação étnico-racial bem-sucedida, segundo o texto deste capítulo, pressupõe:
   a) a aquisição de bons materiais didáticos pela rede pública de ensino e a escola.
   b) o diálogo com o diferente com base em uma postura democrática dos educadores.
   c) o domínio do conteúdo de história de cultura africana e afro-brasileira.
   d) a concepção teórica tradicional da educação, foco estrito no ensino-aprendizagem.

2. Entre outras, pode-se considerar como fontes para desenvolver o conteúdo da educação étnico-racial e da história e cultura afro-brasileira e indígena:
   a) O cotidiano escolar e social brasileiro.
   b) Os livros didáticos, paradidáticos e literários.
   c) A internet.
   d) Todas as opções anteriores.

3. São possíveis parceiros dos educadores e suas escolas no processo de efetivação da educação das relações étnico-raciais e história e cultura afro-brasileira e indígena, segundo propõe o texto deste capítulo:
   a) Organizações internacionais, movimentos sociais e pesquisadores da temática.
   b) Movimentos sociais, pesquisadores da temática e meios de comunicação.
   c) Movimentos sociais, pesquisadores da temática e universidades.

d) Organizações internacionais, meios de comunicação e universidades.

4. Um princípio importante para o trabalho com a temática étnico-racial é a "postura democrática", que permite:
    I) Abertura ao diálogo com o diferente.
    II) Aprendizagem com outras culturas.
    III) Apropriação de outras culturas.

    Assinale a alternativa correta:

    a) Somente as afirmações I e II estão corretas.
    b) Somente as afirmações II e III estão corretas.
    c) Somente as afirmações I e III estão corretas.
    d) Todas as afirmações estão corretas.

5. Considerando as ideias expressas neste capítulo, podemos afirmar que a responsabilidade pela implementação da educação para a relações étnico-raciais é fundamentalmente:
    I) Dos sistemas de ensino e das escolas, porque eles são responsáveis pela estrutura.
    II) Das escolas e das comunidades, porque elas são responsáveis pelo conteúdo.
    III) Dos educadores e das universidades, porque eles são responsáveis pelos métodos.

    Assinale a alternativa correta:

    a) Somente as afirmações I e II estão corretas.
    b) Somente as afirmações II e III estão corretas.
    c) Somente as afirmações I e III estão corretas.
    d) Todas as afirmações estão corretas.

Atividades de aprendizagem

Questões para reflexão

1. Pesquise no seu município de residência (ou trabalho) qual é o percentual de pretos e pardos (negros) e indígenas na composição da população, segundo o censo do IBGE.

2. Faça um levantamento de dados sobre esses segmentos populacionais: localização de residência, ocupação e renda, acesso à saúde e educação etc. Relacione com o formato de encaminhamento que sugerimos neste capítulo (Seção A África...). Veja quais aspectos podem ser desenvolvidos na sua área de conhecimento ou disciplina.

Atividades aplicadas

1. Investigue no município de sua residência (ou trabalho) a existência de escolas com trabalho sobre a temática das relações étnico-raciais e se há organizações do movimento negro. Em seguida, elabore um relatório a respeito.

2. Pesquise a existência de diálogo entre escola e movimento social. Faça isso por meio de entrevistas com lideranças, professores e alunos.

Sugestão de leituras para aprofundar o tema

A COR da Cultura. Disponível em: <http://www.acordacultura.org.br>. Acesso em: 31 out. 2014.

Trata-se de um projeto educativo de valorização da cultura afro-brasileira. No *site*, pode-se ter acesso a um farto conteúdo no formato de jogos, livros e audiovisual.

MUNANGA, K. (Org.). **Superando o racismo na escola**. 2. ed. rev. Brasília: Ministério da Educação, Secretaria de Educação Continuada, Alfabetização e Diversidade, 2005. Disponível em: <portal.mec.gov.br/secad/arquivos/pdf/racismo_escola.pdf>. Acesso em: 31 out. 2014.

O livro apresenta uma rica discussão em torno de conteúdo e encaminhamentos metodológicos referentes ao desenvolvimento da temática étnico-racial, seja nas diversas disciplinas, seja nas áreas de conhecimentos.

ONG CEERT. Disponível em: <http://www.ceert.org.br>. Acesso em: 31 out. 2014.

No *site* estão disponíveis material e informações sobre relações étnico-raciais na educação infantil.

PARANÁ. **Caderno temático educando para as relações étnico-raciais II**. Curitiba: Seed-PR, 2008. Disponível em: <http://www.educadores.diaadia.pr.gov.br/modules/conteudo/conteudo.php?conteudo=18>. Acesso em: 25 set. 2014.

No caderno encontram-se artigos científicos, sugestão de abordagem do tema em diversas disciplinas, relatos de experiências de educadores e indicação de leituras e filmes sobre a temática.

ROCHA, R. M. de C. **Almanaque pedagógico afro-brasileiro**: uma proposta de intervenção pedagógica na superação do racismo no cotidiano escolar. Belo Horizonte: Mazza Edições, 2007.

O livro apresenta aos educadores do ensino fundamental e médio uma boa proposta de como inserir os conteúdos afro-brasileiros na sala de aula, de maneira planejada e contínua.

ONG AÇÃO Educativa. Disponível em: <http://www.acaoeducativa.org>. Acesso em: 31 out. 2014.

Por meio desse *site*, pode-se ter acesso a materiais e informações sobre educação e relações étnico-raciais.

INSTITUTO Cultural Casa das Áfricas. Disponível em: <http://www.casadasafricas.org.br>. Acesso em: 31 out. 2014.

Por meio desse *site*, é possível ter acesso a ótimos materiais como livros, filmes, entrevistas etc. sobre o continente africano.

POVOS Indígenas no Brasil. Disponível em: <http://pib.socioambiental.org/pt>. Acesso em: 31 out. 2014.]

Por meio desse *site*, pode-se ter acesso a informações sobre diversos povos indígenas, farto conteúdo sobre política, cultura, entre outros materiais.

Considerações finais

As reflexões que procuramos fazer sobre a educação das relações étnico-raciais e ensino de história e cultura afro-brasileira e indígena teve como principal objetivo fugir de uma abordagem folclorizada da cultura negra e indígena. Partimos do pressuposto de que a Lei n. 10.639, de 9 de janeiro de 2003 (Brasil, 2003) e a Lei n. 11.645 de 10 de março de 2008 (Brasil, 2008a), que instituíram a perspectiva de uma educação multicultural no Brasil, dizem respeito a um contexto sociocultural mais abrangente e profundo. Somando, negros (pretos e pardos) e indígenas representam aproximadamente metade da população do nosso país. Por esse motivo, podemos estabelecer que o Brasil é um país multicultural, ou seja, constituído por uma pluralidade étnico-racial.

Como foi apontado, no processo de afirmação da nacionalidade, ao longo do século XX, a diversidade étnico-racial brasileira foi reduzida a uma única concepção de mundo: a eurocêntrica. A abordagem historicista que utilizamos neste livro nos permitiu apresentar no processo de construção da supremacia racial branca os vínculos entre ideologias, teorias científicas, acontecimentos históricos e ações políticas no interior do Estado. Nesse sentido, a estruturação de uma representação social estigmatizada de negros e indígenas na sociedade brasileira pode ter sido forjada, em parte, pelas teorias científicas e ideologias (branqueamento e democracia racial) e, em parte, pela ação ou omissão do Estado, que não foi capaz de intervir para amenizar as consequências socioculturais do período colonial.

É relevante notar que o contraponto a esse processo histórico de subalternização foi a organização do movimento social negro – e também indígena. Uma resistência negra sempre existiu no Brasil. Desde os anos de 1930, os negros se organizaram em coletivos sociais e políticos de base nacionais – por exemplo, Frente Negra Brasileira (FNB), Teatro Experimental do Negro (TEN) e Movimento Negro Unificado (MNU). Essas organizações surgiram com o objetivo de denunciar o racismo persistente na sociedade e de exigir do Estado políticas públicas de combate à desigualdade racial no Brasil. As ações políticas dessas organizações colocaram em xeque o "mito da democracia racial" e levaram o Estado brasileiro a reconhecer o racismo. A partir da década de 1980, as ações internas foram significativas e tornou-se intensa a participação em fóruns internacionais, como na III Conferência contra o Racismo em Durban, na África do Sul, em 2001.

A legislação – arts. 26-A e 79-B da Lei de Diretrizes e Base da Educação Nacional (LDBEN) – Lei n. 9.394, de 20 de dezembro de 1996 (Brasil, 1996) – que normatiza a educação das relações étnico-raciais no Brasil, é resultado da luta social do movimento social negro e do respaldo de instituições internacionais como a ONU. A lei compõe um conjunto de políticas afirmativas cujo objetivo é institucionalizar uma educação multicultural que vai para além de práticas pedagógicas pontuais e pressupõe política curricular e práticas pedagógicas respeitosas e valorosas da diversidade étnico-racial que constitui a nação brasileira. Tudo isso envolve uma mudança de "mentalidade social".

Os educadores, em geral, são convidados a desempenhar um papel fundamental nesse processo: assumir uma postura ético-política na tarefa de ensinar; comprometer-se em contribuir para o estabelecimento do direito a cidadania plena de todas as pessoas; e, ainda, produzir conhecimentos relevantes para o desenvolvimento de comunidades e de indivíduos. Nesse sentido, tentamos argumentar a favor da necessidade de uma grande "articulação": entre educadores, pesquisadores, lideranças e pessoas da comunidade, e também entre escolas, redes de ensino, universidades e entidades dos movimentos sociais organizados. Esse parece ser o caminho apresentado pelo texto das Diretrizes Curriculares Nacionais para a Educação das Relações Étnico-Raciais (Brasil, 2004a).

Referências

BANIWA , G. dos S. L. **O índio brasileiro**: o que você precisa saber sobre os povos indígenas no Brasil de hoje. Brasília: Ministério de Educação, Secretaria de Educação Continuada, Alfabetização e Diversidade; Laced – Laboratório de Pesquisas em Etnicidade, Cultura e Desenvolvimento; Museu Nacional, 2006. (Coleção Educação para Todos; v. 12). Disponível em: <http://unesdoc.unesco.org/images/0015/001545/154565por.pdf>. Acesso em: 19 jan. 2015.

BENTO, M. A. S. Branqueamento e branquitude no Brasil. In: CARONE, I.; BENTO, M. A. (Org.). **Psicologia social do racismo**: estudos sobre branquitude e branqueamento no Brasil. Petrópolis: Ed. Vozes, 2002, p. 25-57.

BRASIL. Constituição (1988). **Diário Oficial da União**, Brasília, DF, 5 out. 1988.

_____. Lei n. 9.394, de 20 de dezembro de 1996. **Diário Oficial da União**, Poder Legislativo, Brasília, DF, 23 dez. 1996. Disponível em: <http://www.planalto.gov.br/ccivil_03/leis/l9394.htm>. Acesso em: 12 jan. 2014.

_____. Lei n. 10.639, de 9 de janeiro de 2003. **Diário Oficial da União**, Poder Legislativo, Brasília, DF, 10 jan. 2003. Disponível em: <http://www.planalto.gov.br/ccivil_03/leis/2003/l10.639.htm>. Acesso em: 3 nov. 2014.

_____. Lei n. 11.645, de 10 de março de 2008. **Diário Oficial da União**, Poder Legislativo, Brasília, DF, 11 mar. 2008a. Disponível em: <http://www.planalto.gov.br/ccivil_03/_ato2007-2010/2008/lei/l11645.htm>. Acesso em: 3 nov. 2014.

BRASIL. Lei n. 11.649, de 4 de abril de 2008. **Diário Oficial da União**, Poder Legislativo, Brasília, DF, 7 abr. 2008b. Disponível em: <http://www.planalto.gov.br/ccivil_03/_Ato2007-2010/2008/Lei/L11649.htm>. Acesso em: 3 nov. 2014.

_____. Lei n. 12.288, de 20 de julho de 2010. **Diário Oficial da União**, Poder Legislativo, Brasília, DF, 21 jul. 2010. Disponível em: <http://www.planalto.gov.br/ccivil_03/_Ato2007-2010/2010/Lei/L12288.htm>. Acesso em: 3 nov. 2014.

BRASIL. Lei n. 12.711, de 29 de agosto de 2012. **Diário Oficial da União**, Poder Legislativo, Brasília, DF, 30 ago. 2012. Disponível em: <http://www.planalto.gov.br/ccivil_03/_ato2011-2014/2012/lei/l12711.htm>. Acesso em: 3 nov. 2014.

_____. Lei n. 12.990, de 9 de junho de 2014. **Diário Oficial da União**, Poder Executivo, Brasília, DF, 10 jun. 2014. Disponível em: <http://www.planalto.gov.br/ccivil_03/_Ato2011-2014/2014/Lei/L12990.htm>. Acesso em: 3 nov. 2014.

BRASIL. Ministério da Educação. Conselho Nacional de Educação. **Diretrizes Curriculares Nacionais para a Educação das Relações Étnico-Raciais e para o Ensino de História e Cultura Afro-Brasileira e Africana**. Brasília: MEC, 2004a. Disponível em: <http://www.acaoeducativa.org.br/fdh/wp-content/uploads/2012/10/DCN-s-Educacao-das-Relacoes-Etnico-Raciais.pdf>. Acesso em: 20 jan. 2015.

_____. **Resolução n. 1 de 17 de junho de 2004**. 2004b. Disponível em: <http://www.prograd.ufba.br/Arquivos/CPC/reso12004.pdf>. Acesso em: 18 jan. 2014.

BRASIL. Ministério da Educação. **Manual de Gestão do Programa de Bolsa Permanência**. Brasília: MEC, 2013. Disponível em: <http://permanencia.mec.gov.br/docs/manual.pdf>. Acesso em: 12 jan. 2015.

BRASIL. Ministério da Educação. Conselho Nacional de Educação. **Parecer CNE/CP n. 3, de 10 de março de 2004**. Brasília: MEC, 2004c. Disponível em: <http://portal.mec.gov.br/cne/arquivos/pdf/003.pdf>. Acesso em: 12 jan. 2015.

_____. **Parecer 14/99 do Conselho Nacional de Educação**. Brasília: MEC, 1999. Disponível em: <http://portal.mec.gov.br/sesu/arquivos/pdf/luis2.pdf>. Acesso em: 14 abr. 2015.

_____. **Plano Nacional de Implementação das Diretrizes Curriculares Nacionais para Educação das Relações Étnico-Raciais e para o Ensino de História e Cultura Afro-Brasileira e Africana**. Brasília: MEC, 2009. Disponível em: <http://portal.mec.gov.br/index.php?option=com_docman&task=doc_download&gid=1852&Itemid=>. Acesso em: 12 jan. 2015.

COSTA, S. Diferença e identidade: a crítica pós-estruturalista ao multiculturalismo. In: VIEIRA, L. (Org.). **Identidade e globalização**. Rio de Janeiro: Record, 2009. p. 33-60.

CONFERÊNCIA MUNDIAL CONTRA O RACISMO, DISCRIMINAÇÃO RACIAL, XENOFOBIA E INTOLERÂNCIA CONEXA. Declaração da Conferência Mundial contra o Racismo, Discriminação Racial, Xenofobia e Intolerância Conexa. In: PROCURADORIA-GERAL DA REPÚBLICA; GABINETE DE DOCUMENTAÇÃO E DIREITO COMPARADO. **Racismo, discriminação racial, xenofobia e intolerância conexa**. Brasília: Procuradoria-Geral da República, Gabinete de Documentação e Direito Comparado. set. 2007. Disponível em: <http://www.gddc.pt/direitos-humanos/Racismo.pdf>. Acesso em: 17 mar. 2015.

DIA A DIA EDUCAÇÃO – Portal Educacional do Estado do Paraná. Disponível em: <http://www.diaadia.pr.gov.br/index.php>. Acesso em: 3 nov. 2014.

FERES JÚNIOR, J.; ZONINSEIN, J. (Org.). **Ação afirmativa e universidade**: experiências nacionais comparadas. Brasília: Ed. da UnB, 2006.

FERNANDES, F. A sociedade escravista no Brasil. In: IANNI, O. (Org.). **Florestan Fernandes:** sociologia crítica e militante. 1976. São Paulo: Expressão Popular, 2004. p. 359-424.

FERREIRA, A. C. **Tutela e resistência indígena**: etnografia e história das relações de poder entre os Terena e o Estado brasileiro. 410 f. Tese (Doutorado em Antropologia) – Universidade Federal do Rio de Janeiro, Rio de Janeiro, 2007.

FREIRE, P. **Pedagogia do oprimido**. São Paulo: Paz e Terra, 1978.

FREITAS, A. E. C.; HARDER, E. Entre equidade social e assimetria de poder: uma análise da implementação de políticas de ação afirmativa de educação superior para indígenas no Brasil. **Século XXI - Revista de Ciências Sociais**, v. 3, n. 1, p. 62-87, jan./jun. 2013.

FREYRE, G. **Casa-grande & senzala**. 1933. São Paulo: Global, 2006.

GOMES, N. L.; JESUS, R. E. de. As práticas pedagógicas de trabalho com relações étnico-raciais na escola na perspectiva de Lei 10.639/2003: desafios para a política educacional e indagações para a pesquisa. **Educar em Revista**, Curitiba, n. 47, p. 19-33, jan./mar. 2013.

HABERMAS, J. **A constelação pós-nacional**: ensaios políticos. São Paulo: Littera Mundi, 2001.

HANCHARD, M. G. **Orfeu e o poder**: o movimento negro no Rio de Janeiro e São Paulo. Tradução de Vera Ribeiro. Rio de Janeiro: Ed. da Uerj, 2001.

HOFBAUER, A. **Uma história de branqueamento ou o negro em questão**. São Paulo: Ed. da Unesp, 2006.

LIMA, A. C. de S. **Um grande cerco de paz**: poder tutelar, indianidade e formação do Estado no Brasil. Petrópolis: Vozes, 1995.

LIMA, A. C. de S. **Vídeo-aula 7**: do SPI à Funai – a ambiguidade da tutela. Laced – Laboratório de Pesquisas em Etnicidade, Cultura e Desenvolvimento, 2014. Disponível em: <http://laced.etc.br/site/atividades/video-aulas/o-estado-e-os-povos-indigenas-no-brasil/videoaula-7-do-spi-a-funai-a-ambiguidade-da-tutela>. Acesso em: 3 jul. 2014.

MARÇAL, J. A. **A formação de intelectuais negros(as)**: políticas de ação afirmativas nas universidades brasileiras. Belo Horizonte: Nandyala, 2012.

MUNANGA, K. **Rediscutindo a mestiçagem no Brasil**: identidade nacional versus identidade negra. 3. ed. Belo Horizonte: Autêntica, 2008.

MUNANGA, K. (Org.). **Superando o racismo na escola**. 2. ed. rev. Brasília: Ministério da Educação; Secretaria de Educação Continuada, Alfabetização e Diversidade, 2005. Disponível em: <portal.mec.gov.br/secad/arquivos/pdf/racismo_escola.pdf>. Acesso em: 23 abr. 2014.

OLIVEIRA, F. de. **Crítica à razão dualista**: o ornitorrinco. 1 ed., 4. reimpressão. São Paulo: Boitempo, 2013.

OLIVEIRA, J. P. de. **Vídeo-aula 6**: origem e transformação dos preconceitos anti-indígenas e da política indigenista no Brasil. Laced – Laboratório de Pesquisas em Etnicidade, Cultura e Desenvolvimento, 2014. Disponível em: <http://laced.etc.br/site/atividades/video-aulas/o-estado-e-os-povos-indigenas-no-brasil/videoaula-6-origem-e-transformacao-dos-preconceitos-anti-indigenas-e-da-politica-indigenista-no-brasil>. Acesso em: 16 jul. 2014.

PIOVESAN, F. Ações Afirmativas sob a perspectiva dos direitos humanos. In: SANTOS, S. A. dos (Org.). **Ações afirmativas e combate ao racismo nas Américas**. Brasília: Ministério da Educação, Secretaria de Educação Continuada Alfabetização e Diversidade, 2005.

PORTO, M. S. G. Diferença e identidade como representação social. In: CAVALCANTI, J. S. B.; WEBER, S.; DWYER, T. (Org.). **Desigualdade, diferença e reconhecimento**. Porto Alegre: Tomo Editorial, 2009. p. 35-48.

QUIJANO, A. Colonialidade do poder e classificação social. In: SANTOS, B. de S.; MENESES, M. P. (Org.). **Epistemologias do sul**. São Paulo: Cortez, 2010. p. 84-132.

SILVA, C. T. da. **Vídeo-aula n. 13**: política indigenista – a reestruturação da Fundação Nacional do Índio (Funai). Laced – Laboratório de Pesquisas em Etnicidade, Cultura e Desenvolvimento, 2014. Disponível em: <http://laced.etc.br/site/?s=Pol%C3%ADtica+Indigenista>. Acesso em: 3 nov. 2014.

SILVA, P. B. G e. Escola e discriminações: negros, índios e cultura erudita. In: SOARES, L. et. al. (Org.). **Convergências e tensões no campo da formação e do trabalho docente**. Belo Horizonte: Autêntica, 2010. p. 738-755.

SILVA, T. T. da. Descolonizar o currículo: estratégias para uma pedagogia crítica. Dois ou três comentários sobre o texto de Michael Apple. In: COSTA, M. V. (Org.). **Escola básica na virada do século**: cultura, política e currículo. 3. ed. São Paulo: Cortez, 2002. p. 61-72.

_____. **Documentos de identidade**: uma introdução às teorias do currículo. 3. ed. Belo Horizonte: Autêntica, 2011.

SISS, A. Afro-brasileiros e Educação Superior: notas para debate. In: COSTA, H.; PINHEL, A.; SILVEIRA, M. S. da. (Org.). **Uma década de políticas afirmativas**: panorama, argumentos e resultados. Ponta Grossa: UEPG, 2012.

TELLES, E. E. **Racismo à brasileira**: uma nova perspectiva sociológica. Tradução de Ana Arruda Callado, Nadjeda Rodrigues Marques e Camila Olsen. Rio de Janeiro: Relume Dumará; Fundação Ford, 2003.

Bibliografia comentada

BRASIL. Ministério da Educação. Conselho Nacional de Educação. **Diretrizes Curriculares Nacionais para a Educação das Relações Étnico-Raciais e para o Ensino de História e Cultura Afro-Brasileira e Africana**. Brasília: MEC, 2004.

Apesar de ser um aparato legal, portanto de leitura obrigatória para todos os educadores, o documento nos parece ser rico em termos de perspectivas metodológicas para o trabalho com a educação das relações raciais e o ensino de história e cultura afro-brasileira, africana e indígena. O texto está dividido em seis partes: "I – Relatório"; "II – Questões introdutórias"; "III – Políticas de reparações, de reconhecimento e valorização de ações afirmativas"; "IV – Educação das relações étnico-raciais"; "V – História e cultura afro-brasileira e africana – determinações"; e "VI – Obrigatoriedade do ensino de história e cultura afro-brasileiras, educação das relações étnico-raciais e os conselhos de educação."

Cabe destacar o terceiro, o quarto e o quinto tópicos do documento. No terceiro, existe uma explanação acerca de políticas afirmativas e seus fundamentos históricos e sociológicos. No quarto, é abordada a cultura brasileira como campo de embate político, com destaque para o movimento negro e a necessidade de uma reeducação das relações étnico-raciais, bem como da mudança de mentalidade. No quinto, a ênfase é dada sobre formas, perspectivas e significados para o ensino da história e cultura afro-brasileira. Trata-se de um texto importante para a formação educacional e contém indicações de abordagens e conteúdos que podem ser trabalhados no processo de ensino-aprendizagem.

GONÇALVES, L. A. O.; SILVA, P. B. G e. **O jogo das diferenças**: o multiculturalismo e seus contextos. 4. ed. Belo Horizonte: Autêntica, 2006.

O livro é composto por quatro capítulos: "O multiculturalismo e seus significados", "Multiculturalismo e educação nos Estados Unidos", "O multiculturalismo na América Latina" e "Estudos culturais e pesquisa em educação no Brasil". Com base em uma perspectiva histórica, discute os diversos significados das noções de multiculturalismo, em nível teórico e sociopolítico, e aborda a discussão desenvolvida no contexto educacional estadunidense e também brasileiro. Dessa forma, trata das diferenças culturais e da identidade no contexto educacional do Brasil. Constitui-se em um livro introdutório que pode situar aqueles que tenham interesse no debate histórico sobre o direito à diferença, particularmente no campo educacional brasileiro.

MUNANGA, K. (Org.). **Superando o racismo na escola**. 2 ed. revisada. Brasília: Ministério da Educação; Secretaria de Educação Continuada, Alfabetização e Diversidade, 2005. Disponível em: <portal.mec.gov.br/secad/arquivos/pdf/racismo_escola.pdf>. Acesso em: 23 abr. 2014.

Esse livro produzido pelo Ministério da Educação apresenta rica discussão em torno de conteúdo e encaminhamentos metodológicos no que se refere ao desenvolvimento da temática étnico-racial. Dividido em 11 capítulos, aborda os principais conceitos envolvidos na reflexão sobre a temática, entre outros: discriminação em livros didáticos; racismo e seus derivados; direito à diferença; cultura; autoestima; diversidade étnico-cultural; educação e relações raciais; África e aprendizagem e ensino das africanidades brasileiras.

Ressaltamos a relevância de todos os capítulos, mas destacamos particularmente a leitura de dois deles: "Educação e relações raciais", de autoria de Nilma Lino Gomes, e "Aprendizagem e ensino das africanidades brasileiras", de Petronilha Beatriz Gonçalves e Silva. No primeiro, Gomes discute como a postura ética dos educadores pode contribuir para práticas que valorizam a diversidade étnico-racial e combatam o racismo na interior das escolas. Portanto, faz uma reflexão sobre as práticas docentes e propõe estratégias para o trabalho com a temática étnico racial. Já o segundo texto se constitui em um convite para os educadores/pesquisadores descobrirem a africanidade implicada na formação nacional brasileira, além de propor metodologias e possibilidades de abordagens tanto por disciplinas quanto por áreas de conhecimento.

Respostas

CAPÍTULO 1

1. c
2. d
3. b
4. d
5. b

CAPÍTULO 2

1. d
2. a
3. c
4. d
5. b

CAPÍTULO 3

1. b
2. c
3. d
4. d
5. d

CAPÍTULO 4

1. b
2. a
3. c
4. c
5. a

CAPÍTULO 5

1. c
2. d
3. b
4. c
5. b

CAPÍTULO 6

1. b
2. d
3. c
4. a
5. d

Sobre os autores

José Antonio Marçal é doutorando e mestre em Educação pela Universidade Federal do Paraná (UFPR), especialista em Temas Filosóficos pela Universidade Federal de Minas Gerais (UFMG) e em Gestão Sistêmica baseada em valores humanos pela Fundação B. I. Social/Ceabra-MG. Marçal é também graduado em Filosofia pela Pontifícia Universidade Católica do Paraná (PUC-PR) e ex-bolsista do Programa Internacional de Bolsas de Pós-Graduação da Fundação Ford, tendo experiência como professor das disciplinas de Filosofia e Sociologia e na área de formação continuada de professores em educação das relações étnico-raciais e políticas afirmativas. Publicou o livro *A formação de intelectuais negros: políticas de ação afirmativa nas universidades brasileiras* (2012) e é militante do movimento social negro desde os anos de 1990.

Silvia Maria Amorim Lima é mestranda em Educação na linha de Políticas Educacionais na UFPR, especialista em Supervisão Escolar pela Universidade Candido Mendes (Ucam) e graduada em Serviço Social pela Universidade Federal do Pará (UFPA). Tem experiência na área da educação com atuação como professora, orientadora e supervisora educacional na rede privada de ensino básico nos estados do Pará e Maranhão. Desde 2010, trabalha com política de assistência estudantil atuando como assistente social na UFPR.

Impressão: Forma Certa Gráfica Digital
Abril/2023

MISTO
Papel | Apoiando o manejo florestal responsável
FSC® C111076
FSC
www.fsc.org